ADAM

Henri Nouwen

ADAM

Een vriendschap

lannoo

Tweede druk
Oorspronkelijke titel Adam
Uit het Engels vertaald door Maria ter Steeg
Omslagillustratie Noor Dahmen
Omslagontwerp Robert Nix

D/1998/45/277 - ISBN 90 209 3427 9 (1ste bijdruk) - NUGI 635

Gezet, gedrukt en gebonden bij
Drukkerij Lannoo nv, Tielt

Inhoud

Voorwoord

Adam Arnett stierf in februari 1996. Niet lang daarna zei Henri tegen me, dat hij erover dacht om een boek over Adam te schrijven. Eigenlijk had hij het zich al voorgenomen, en hij wilde weten of ik hem aan verhalen over Adam's leven kon helpen. Ik was geschokt, want ik vond Adam's dood nog te kort geleden om er een boek over te schrijven. Ik zei tegen hem dat ik daar meer tijd voor nodig had. Dat was moeilijk voor Henri. En zo kwam het dat hij het boek zonder mij schreef. Dat was moeilijk voor mij!

Hij sprak uitvoerig met Adam's ouders, Jeanne en Rex Arnett, om alle feiten en verhalen uit Adam's eerste levensjaren te weten te komen. Hij stuurde een eerste versie van het manuscript ter beoordeling naar de uitgever. En toen stierf Henri plotseling op 21 september 1996.

In Henri's testament stond dat ik zijn literaire nalatenschap zou beheren. Daar hoorde onder andere bij dat ik dit boek moest afmaken. Na overleg met de uitgever en een bezoek aan Adam's ouders begon ik aan het manuscript te werken.

Vanaf het begin was ik getroffen door het grote belang van deze relatie tussen Adam en Henri. Ze kwamen met elkaar in aanraking juist op het moment waarop Henri een thuis zocht. De eenvoud en de aanwezigheid van Adam gaven hem dat thuisgevoel. Het is een bijzonder verhaal.

Maar ik zag ook wel dat de tekst hier en daar nog niet sterk genoeg was, met name in de passages over Adam's eerste levensjaren, en daar concentreerde ik me op. Het was voor mij ook een manier om het verdriet te verwerken over het verlies van deze twee goede vrienden van me. Terwijl ik bezig was praatte ik tegen hen, zonder dat ik ooit een echt antwoord hoorde. Maar ik kreeg er wel een hoop energie door, en ik werkte met hartstocht en overtuiging. Dat gaf me het gevoel dat ze bij me waren en me de goede kant op stuurden. Ik ben ervan overtuigd dat ze me geholpen hebben.

Wat er geschreven staat over hun relatie heeft mij, in al mijn eigen verdriet, inspiratie gegeven. Ik ben nu dankbaar dat Henri eraan begonnen is en dat ik de gelegenheid kreeg om iets bij te dragen tot het verhaal van Adam en Henri. Net als Henri heb ik het met liefde, met veel vreugde, en met een gevoel van vrijheid gedaan.

Henri modelleert het leven van Adam op het leven van Jezus, en daarin slaagt hij wonderwel. Daarnaast beseft hij al schrijvende dat Adam's levensverhaal ook het zijne is. En het onze. Dankzij Henri's schrijverstalent vinden wij er ook onze eigen levensgeschiedenis.

Sue Mosteller CSJ, Henri Nouwen Literary Centre

Over het ontstaan van dit boek

In september 1995 begon voor mij een sabbatjaar, dat de mensen in l'Arche Daybreak me cadeau gegeven hadden om te vieren dat ik tien jaar pastor bij hen was. Omdat ik het liefste wilde gaan schrijven besloot ik in dat jaar te werken aan een paar onderwerpen die me als pastor geïnspireerd hadden. Wat ik daarover dacht was grotendeels bepaald door het leven in de Daybreakgemeenschap waar ik een echt thuis heb gevonden. Er waren een paar vragen die me al langer bezighielden, zoals: 'Wat geloof ik?', 'Wat betekent het als ik zeg dat ik geloof in God: Vader, Zoon en Heilige Geest?', 'Wat zeg ik eigenlijk als ik de geloofsbelijdenis uitspreek?' Ik nam me voor om een boekje te schrijven over de apostolische geloofsbelijdenis. Ook al zou het een nieuwe verwoording moeten worden van het geloof dat ik al levenslang in praktijk probeerde te brengen, toch kon het naar mijn mening ook een steuntje zijn voor de vele mannen en vrouwen in onze wereld die met dezelfde vragen worstelen en voor wie de traditionele formuleringen aan betekenis hebben ingeboet.

Toen ik ter voorbereiding wat artikelen over het Credo begon te lezen zat ik al gauw tot over mijn oren in ingewikkelde theologische discussies over de kern van het christelijk geloof en over het ontstaan en de verschillende verwoordingen ervan. Wat aanvankelijk zo'n eenvoudig plannetje leek zou best eens een te grootse onderneming kunnen worden. Ik wilde alleen maar in begrijpelijke woorden neerzetten hoe wij ons leven gestalte kunnen geven in de naam van de God die ons liefheeft. Hoe meer ik erover las, hoe minder makkelijk het me toescheen. Ik moest mezelf de vraag stellen hoe ik het aandurfde om een verantwoord boek te schrijven over het christelijk Credo, terwijl ik toch het universitaire milieu meer dan tien jaar achter me had liggen en niet de bedoeling had om diepgaand theologisch onderzoek te doen. Ik was nu toch allereerst pastor van een kleine gemeenschap waarin mensen met een geestelijke handicap leefden? Dat is toch niet de meest voor de hand liggende context voor een discussie over de twaalf artikelen van het geloof? De meeste mensen met wie ik het leven deel in Daybreak geven geen systematische uitdrukking aan hun geloof, en voor velen is het moeilijk, zo niet onmogelijk om over theologische artikelen na te denken.

Net toen ik me afvroeg of ik niet verder wilde springen dan mijn polsstok lang was, stierf Adam Arnett. Adam was een vriend voor me, een leraar, en een begeleider. Hij was een ongewoon soort vriend, want hij kon geen uitdrukking geven aan zijn genegenheid op de manier waarop anderen dat meestal doen. Hij was een ongewoon soort leraar, omdat hij niet reflexief kon denken en ideeën of begrippen onder woorden kon brengen. Hij was een ongewoon soort begeleider, omdat hij mij geen enkele concrete aanwijzing of raad kon geven. Adam woonde in de Arkgemeenschap van Daybreak in Toronto. Hij was een van mijn huisgenoten, en de eerste voor wie ik gevraagd werd te zorgen.

Toen ik Adam's dode lichaam in de kist zag liggen was ik getroffen door het mysterie van het leven en de dood van deze man. Ik voelde dat deze zeer gehandicapte mens al van eeuwigheid door God geliefd was en in de wereld gezonden was met een speciale opdracht om anderen genezing te brengen. Die opdracht was nu vervuld. Ik zag veel parallellen tussen het leven van Adam en het leven van Jezus. En ik wist eigenlijk op een dieper niveau ook nog iets anders: ik wist dat Adam op mysterievolle wijze voor mij een beeld geworden was van de levende Christus, net zoals Jezus, die tijdens zijn leven op aarde een vriend, leraar en begeleider voor zijn leerlingen geweest was. Door Adam begreep ik nieuwe dingen over de manier waarop Jezus met mensen omging, niet alleen zoals Jezus dat langgeleden deed, maar ook zoals hij dat op dit ogenblik wil doen, met mij en met ons, door middel van personen die heel zwak en kwetsbaar zijn. Ik leerde niet alleen meer over God door voor Adam te zorgen, maar door zijn leven hielp Adam me ook om zelf opnieuw Jezus' Geest te voelen, die levend aanwezig is in mijn eigen geestelijke armoede. Jezus leefde langgeleden, maar Adam leefde in mijn eigen tijd. Jezus was lichamelijk aanwezig bij zijn leerlingen, maar Adam was lichamelijk aanwezig bij mij. Jezus was Emmanuel, God met ons. Adam werd voor mij een persoon die aangeraakt was door de Eeuwige, geheiligd, een beeld van de levende God.

Was Adam dan zo buitengewoon? Een soort engel? Helemaal niet. Adam was iemand zoals er zoveel zijn. Maar met Adam had ik een relatie, en daardoor werd hij een speciaal iemand voor mij. Ik hield van hem, en mijn relatie met hem was een van de meest betekenisvolle in mijn leven. De dood van Adam raakte me diep, want hij was degene die me, meer dan welk boek of welke professor ook, in contact bracht met de persoon van Jezus. Zijn dood schudde me wakker. Het leek of hij tegen me zei: 'Nu ik er niet meer ben kun je over mij schrijven en tegen je vrienden en je lezers vertellen wat ik je geleerd heb over het mysterie van die bijzondere God van ons, die bij ons is komen wonen en die ons de Heilige Geest gezonden heeft.'

Toen ik na Adam's begrafenis weer aan het schrijven ging stond ik opnieuw voor de vraag: 'Wat geloof ik?' En toen besefte ik dat Adam me kon helpen om op die vraag een antwoord te geven. Ik hield op met het lezen van theologische en historische artikelen, en begon te peinzen over het leven en over de roeping van deze opmerkelijke man die gestorven was op ongeveer dezelfde leeftijd als Jezus, hij werd vierendertig jaar. Toen ik zijn korte leven door mijn hoofd en mijn hart liet gaan wist ik dat Adam's levensverhaal me woorden zou geven waarmee ik op een begrijpelijke manier zou kunnen spreken over mijn geloof en over de christelijke geloofsbelijdenis. Adam, die zelf nooit een woord had kunnen spreken, werd geleidelijk een bron voor me waarin ik woorden vond voor mijn diepste overtuiging als christen, levend tegen het eind van het tweede millennium. De zo kwetsbare Adam werd een machtige ondersteuning voor me om de rijkdom van Christus tot uitdrukking te brengen. En de Adam, die mij zelf geen echt teken van herkenning kon geven, zou met mijn hulp anderen ertoe kunnen brengen God te herkennen in hun leven.

De onverwachte dood van Adam en mijn verdriet daarover brachten me op de plek, diep in me, waar ik kon spreken over God en over Gods binnenkomen in de menselijke geschiedenis. Adam's levensverhaal zou me helpen om dat van Jezus te vertellen, omdat Jezus' levensverhaal me had geholpen om dat van Adam te vertellen.

Hij zou, als wegwijzer naar Jezus, net zo goed Johannes of Petrus hebben kunnen heten. Dat hij Adam heette was puur toeval, maar daarin ook een beetje teken van de Voorzienigheid. Net als de eerste mens Adam staat onze Adam symbool voor iedere mens en stelt hij ons de vraag: 'Heb jij ook een Adam die jou iets over God te zeggen heeft?'

Ik ben gaan schrijven, en het verhaal dat hier volgt komt het dichtste bij wat ik ooit over de apostolische geloofsbelijdenis zou kunnen schrijven. Adam is de toegang tot de formulering van dit Credo, en daarom schrijf ik dit met liefde en met dankbaarheid voor de bijzondere relatie die we hadden. Ik schrijf ook met een diep verlangen dat vele anderen door het verhaal van Adam in staat zullen zijn Gods verhaal met ons te herkennen, en daardoor op een nieuwe manier zullen kunnen zeggen: 'Ik geloof'.

Hoofdstuk 1
Adam's verborgen leven

Adam was de tweede zoon van Jeanne en Rex Arnett, hij werd geboren op 17 november 1961. Hij was een prachtige baby die veel leven en energie gaf aan zijn ouders, aan zijn achtjarig broertje Michael en aan zijn grootouders. Omdat Michael regelmatig epileptische aanvallen had en een zorgenkind was, lieten Jeanne en Rex Adam grondig onderzoeken op epilepsie. Alle onderzoeken sloten epilepsie uit, en dat was een grote opluchting.

Maar Adam was een baby die nauwelijks wilde drinken, en dat maakte zijn moeder ongerust. Toen hij drie maanden was kreeg hij een zware oorontsteking en daarbij hoge koorts. Jeanne herkende onmiddellijk zijn eerste epileptische aanval; ze wikkelde hem in een deken en ging met hem naar haar buurvrouw, een verpleegkundige, die hen naar het ziekenhuis bracht. Later op de avond bevestigde de dokter dat Adam eveneens aan epilepsie leed.

Het duurde lang voordat Adam kon kruipen, en hij kon pas staan toen hij meer dan een jaar oud was. Lopen in huis deed hij lange tijd door zich vast te houden aan het meubilair en er langzaam en voorzichtig omheen te draaien. Toen hij twee jaar was liet hij op een goede dag eindelijk het houvast los en liep op eigen kracht. Zijn ouders waren verrukt.

De toevallen bleven komen en hij kreeg er medicijnen voor, maar eigenlijk maakte Adam het een aantal jaren tamelijk goed. Hij leerde niet praten, maar hij deed wat er gevraagd werd, wist wat er om hem heen gebeurde, en maakte op zijn eigen wijze contact. Als zijn vader een zoemgeluid maakte en met zijn vinger ronddraaide boven Adam's hoofd en 'het bijtje' zacht op Adam's neus liet landen, greep hij zijn vaders arm en maakte een rondje in de lucht om duidelijk te maken dat hij dat spelletje opnieuw wilde.

Als kind van een jaar of vier had hij zo zijn eigen gewoontes gekregen. Hij ging bijvoorbeeld graag naar buiten achter het huis, klom op de picknicktafel en bleef daar zitten wachten tot zijn moeder hem wat te drinken kwam geven. Daarna schoof hij naar het einde van de tafel, waar geen bank stond, om eraf te klimmen. Met zijn voeten over de rand bleef hij dan hangen, niet in staat om verder of terug te gaan. Hij zei niks maar wachtte gewoon tot iemand hem kwam redden. Hij had wel geleerd hoe hij eraf moest komen, maar hij deed het liever op deze manier. Heel rustig wachtte hij dan tot iemand hem kwam helpen. Die simpele houding van afwachten, die al zo vroeg begonnen was, bleef heel zijn leven karakteristiek voor hem.

Omdat Adam niet zoals andere kinderen van zijn leeftijd kon spelen of praten kreeg hij geen vriendjes en kon hij zijn horizon niet verruimen. Afgezien van zijn familie verheugde niemand zich over Adam's leven en zijn ontwikkeling; die werden alleen in verband gebracht met zijn handicaps.

Adam liep graag achterom naar buiten, de straat af en weer terug. Ook al zagen vier huizen op de rij er hetzelfde uit, hij wist precies welk huis het zijne was en liep er nooit voorbij. Als hij rende liep hij op een sukkeldrafje langs de straat met zijn armen in de lucht. Soms herkenden de buren hem en waarschuwden ze zijn ouders, omdat ze bang waren dat hij ervandoor ging.

Toen hij te groot was geworden voor het kinderzitje op de winkelwagen van de supermarkt en Jeanne hem toch mee moest nemen bij het boodschappen doen, zette ze hem midden in het wagentje en legde de boodschappen op en om hem heen. 'Eerst zat hij heel stil,' herinnert Jeanne zich, 'maar als ik rondkeek naar wat ik nodig had, dan haalde hij intussen dingen uit de schappen en legde ze in het wagentje. Dan gaf ik hem een standje en zei dat ik dat niet wou hebben, maar hij bleef het steeds weer proberen. In het begin zat hij stil, maar als de boodschappen zich begonnen op te stapelen werd hij zenuwachtig en begon hij te rommelen. We zijn bijna klaar, zei ik dan om hem gerust te stellen, nog een paar minuutjes en je mag eruit. Als het wagentje te vol werd pakte hij de boodschappen en gooide ze, langzaam en heel rustig, een voor een over de rand. Dankzij Adam kwam ik soms thuis met meer dan ik wilde en andere keren met minder!' Ondanks alles behielden Jeanne en Rex hun gevoel voor humor.

Adam hield van eten, vooral van toetjes. Omdat Michael honderduit kletste en niet op zijn bord lette, slaagde Adam er vaak in om met zijn lepel iets van Michael's dessert weg te pikken. Soms probeerde hij zelfs Michael's bord naar zich toe te trekken als die even niet keek. Rex en Jeanne hadden plezier in Adam's kleine streken.

De werkkast in het huis van de familie Arnett bevond zich op de overloop boven aan de trap. Op een dag merkte Rex dat Adam de deur van de kast had opengemaakt en er de stofzuiger uitgehaald had. Adam was gefascineerd toen hij merkte dat hij die stukje bij beetje naar de rand van de lange trap vóór hem kon manoeuvreren. Rex zei: 'Ik stond beneden aan de trap en was opgewonden over het feit dat hij iets aan het ondernemen was, dus haalde ik Jeanne erbij zodat we samen konden kijken wat hij deed. Adam keek telkens schuin naar ons als hij de stofzuiger een beetje dichter bij de traprand had geduwd, op de een of andere manier besefte hij dat hij iets deed wat niet in de haak was. Ten slotte gaf hij hem de laatste duw en de stofzuiger viel kletterend tree voor tree naar beneden.' Rex vertelt dit verhaal als een kleine overwinning. Adam had iets ondernomen! Iets in één klap! Rex was zo opgewonden dat hij tegen Adam riep: 'Nog een keer!' En terwijl hij het nog genietend navertelt zegt hij: 'We waren bereid een extra stofzuiger te kopen apart voor hem, zodat hij die de trap af kon blijven gooien en daarmee kon voelen dat hij macht over dingen had.'

Adam kon niet voldoen aan de minimumeisen voor de basisschool, en daardoor raakte hij als kind nog meer geïsoleerd. Toen hij acht was vond Jeanne een groepje ouders die samen met vrijwilligers een klein dagprogramma verzorgden voor gehandicapte kinderen. Daar kon Adam twee uur per dag aan deelnemen. Pas toen hij tien was kon hij eindelijk naar school, maar hij kwam vaak te laat of moest eerder worden opgehaald vanwege zijn toevallen. Zijn leven op school was beperkt, net als zijn sociaal leven. Adam werd op veel verjaarspartijtjes niet uitgenodigd, en het grootste deel van zijn kinderjaren was een verborgen leven in de huiselijke kring.

Gelukkig bleek hij plezier te krijgen in sport. Niet lang nadat hij op school was gekomen begon hij thuis op zijn bed op en neer te springen, overdag maar ook 's nachts. Doorgaans vonden zijn ouders het fijn als Adam eigen initiatief had, maar dit was gevaarlijk en ze wilden hem beschermen. Daarom probeerden ze hem steeds weer uit te leggen dat zijn bed niet de beste plek was om te springen, maar hij vond van wel! Rex maakte het bed steviger, maar het moest steeds opnieuw gerepareerd worden, en op een dag stortte het helemaal in elkaar. Niet lang nadien liet de school aan de ouders een wat armzalig gemaakt videofilmpje zien, waarop een van de scholieren aan het trampoline springen was. Jeanne vroeg wie dat kind was en de leraar antwoordde: 'Het jouwe!' Dat was de oplossing van het raadsel.

Adam werd niet voor vol aangezien in zijn parochiekerk, en zijn ouders ervoeren het als pijnlijk toen ze hoorden dat Adam vanwege zijn handicap niet samen met zijn leeftijdgenootjes de Eerste Communie kon doen en het sacrament van het Vormsel ontvangen. Later vierde Adam zijn Eerste-Communiefeest in een kleine gelovige kring van vrienden.

Tijdens zijn verborgen leven communiceerde Adam op zijn eigen manier met anderen, maar niet iedereen begreep hem even goed. Toen vastgesteld werd dat hij doof was had Adam een heel moeilijk jaar. Hij werd door deskundigen getest en kreeg een gehoorapparaat, maar dat vond hij verschrikkelijk. Maandenlang, hoe iedereen ook probeerde om hem aan deze hulpmiddelen te laten wennen, liet hij merken dat hij er last van had en trok ze los. Pas bijna een jaar later wees een nieuwe test uit dat hij niet doof was en dat het gehoorapparaat het geluid dat hij al hoorde versterkte, en dat deed pijn aan zijn oren. Adam's vader zegt: 'Ik denk dat hij er heel veel last van had maar dat wisten we niet want hij kon het ons niet vertellen.'

Adam kon geen klok lezen maar hij wist wel wanneer het etenstijd was. Elke middag om vijf uur ging hij naar de keuken, deed langzaam de schuifdeur van de keukenkast open, haalde er een pannetje uit en zette dat op het fornuis. Daarmee herinnerde hij Jeanne eraan dat het tijd was om te gaan koken. Als Jeanne daar geen acht op sloeg, dan rammelde hij met het pannetje zodat Jeanne wel moest 'horen' dat het avondeten nu prioriteit nummer één was.

Toen Adam dertien was ging hij twee weken naar een zindelijkheidstraining in een centrum voor gehandicapten. Hij had twee eigenaardigheden waarvan de staf op het centrum niet op de hoogte was: hij at graag, en hij plaste alleen als hij een luier aanhad of zijn sportbroekje. De stafleden waren vol bewondering dat hij de enige was die zonder hulp de eetzaal wist terug te vinden, maar ze begrepen maar niet waarom hij drie à vier uur zonder resultaat op de wc kon zitten, terwijl hij een waterval werd als hij zijn sportbroekje weer aanhad! Aan het eind van de training haalde Rex hem op in zijn spiksplinternieuwe auto. Dat moet aan het slot van een lange namiddagtraining geweest zijn, want Adam zat nauwelijks in de auto of hij 'wijdde' hem al in. De glimlach van Adam sprak boekdelen.

Korte tijd later, op een dag waarop Rex naar een bijeenkomst van vertegenwoordigers was, zat Jeanne alleen thuis met de jongens. Ze moest even naar boven om iets te halen en zei tegen Michael: 'Let je even op je broer, ik ben zo terug.' Terwijl ze boven was ging de telefoon, en terwijl ze in gesprek was hoorde ze Michael roepen: 'Beneden komen! Help! Help! Beneden komen!' Jeanne rende de trap af en vond Adam op de bank onder het bloed, zoveel dat ze niet kon vinden waar het vandaan kwam. Toen ze zijn hoofd optilde zag ze tot haar ontzetting, dat hij zo gevallen was dat zijn twee voortanden in zijn tandvlees omhooggeschoten waren. In het ziekenhuis werd hij geopereerd en zijn tanden werden weer op hun plaats gezet, met beschermkapjes eroverheen. Volgens de dokters had Adam met zijn tanden tijdens de epileptische aanval een V-vorm in zijn tong gesneden, en daar kwam al dat bloed vandaan.

Met dit insult veranderde Adam's leven. De ziekenhuisdokters onderzochten hem stevig en besloten om hem nieuwe medicijnen voor te schrijven. In de dagen daarna zei zijn moeder voortdurend tegen de verpleging, dat de jongen die daar bewegingloos op bed lag op geen stukken na leek op de jongen die ze thuis had gehad, die zelfstandig rondliep en actief deel uitmaakte van het gezinsleven. Ze zeiden tegen haar dat er niets meer aan te doen viel en dat ze hem mee naar huis kon nemen. Nadat ze hem drie dagen thuis had gehad belde ze een verpleegkundige van de gezondheidsdienst, die het raadsel bleek te kunnen oplossen. De dokters hadden nieuwe medicijnen voorgeschreven maar nagelaten om de oude medicijnen stop te zetten, zodat Adam een paar dagen lang een overdosis medicijnen had gekregen. Dat bracht hem blijvende schade toe, en na dit voorval was Adam nooit meer wie hij vroeger was. Hij had heel weinig energie en kon ook nauwelijks meer zelf rondlopen en activiteit ontplooien. Hij moest geholpen worden bij het lopen en moest vaak gedragen worden. Zijn toevallen vermeerderden en waren een uitputtingsslag. Als hij zich niet lekker voelde, bijvoorbeeld door een opgeblazen maag of een ander ongemak, dan zocht hij zijn moeder of vader op en kwam zachtjes tegen hen aanhangen, in hun omarming kon hij urenlang tevreden blijven liggen.

Als ik Rex laat vertellen over Adam zegt hij: 'Hij bracht ons vrede. Hij was zo rustig aanwezig dat wij daardoor altijd weer stil tot onszelf kwamen, door hem was er een liefdevolle sfeer in huis.' Rex praat nauwelijks over de geweldige inspanningen die de zorg voor Michael en Adam met zich meebracht voor Jeanne en hem, zwaar werk dat bestond uit optillen, in bad doen, scheren, eten geven, de was doen, aan- en uitkleden, dagprogramma's, school, bezoek aan artsen en specialisten.

Toen op een keer werd vastgesteld dat Jeanne een riskant hoge bloeddruk had, kreeg ze het advies om voor Michael en Adam eens te gaan uitzien naar permanente opvang in een instelling met de nodige voorzieningen voor mensen met handicaps. Dat was voor Rex en Jeanne een oordeel waar ze als ouders nooit opgekomen zouden zijn, maar ze beseften ook dat ze de jongens op de lange duur niet thuis konden blijven houden. Adam en Michael werden al jonge mannen en de zorg voor hen was een enorme belasting. Het moment was gekomen om een nieuwe woonomgeving voor hen te zoeken. Maar waar?

De ouders wisten van het bestaan van de Ark-gemeenschap Daybreak, omdat een aantal leden van die gemeenschap ook deel uitmaakte van hun geloofsgespreksgroep. De Ark is een internationaal verband van leefgemeenschappen die zich baseren op de zaligsprekingen en die gesticht zijn door de Canadees Jean Vanier in 1964. Elke gemeenschap heeft meerdere huizen in een wijk, waarin gehandicapten en hun assistenten in een geest van wederkerigheid het leven met elkaar delen. De Ark vindt 'dat mensen met een geestelijke handicap vaak in staat zijn tot gastvrijheid, verwondering, spontaneïteit en directheid' en dat ze 'met hun leven getuigen van de onmisbare waarden van het hart' (Charter van de Ark).

Rex en Jeanne Arnett waren meerdere keren op Daybreak geweest. Maar ook al waren ze ervan overtuigd dat de mensen er goed waren, ze konden zich moeilijk indenken dat ze hun kinderen tussen die groep onervaren jonge assistenten zouden plaatsen. Met hun ervaring als ouders zagen ze wel dat er veel liefde en zorg was, maar de groep was groot en de houding wat nonchalant. De ouders van Michael en Adam waren bang dat de zorg die hun zoons nodig hadden een beetje in de verdrukking zou kunnen komen. Toch lieten ze zich serieus voorlichten, maar ze kregen te horen dat de gemeenschap tot dan toe nog nooit iemand met epilepsie of met speciale behoefte aan medische zorg had opgenomen, dat ze op dat moment geen voorzieningen hadden voor iemand als Adam die zulke intensieve zorg nodig had, maar dat Michael wel in aanmerking kon komen omdat hij in staat was om te lopen en enigszins voor zichzelf te zorgen.

Daarop volgde een lange en verdrietige zoektocht, waarbij deze bijzondere ouders allerlei instellingen bezochten. Ze waren verbaasd en geschokt over de omstandigheden waarin Adam terecht zou kunnen komen, in instellingen waar mensen moesten leven in een stinkende, sombere en eenzame omgeving. Rex zei dat hij zich toen voor het eerst in al die jaren wanhopig voelde.

Ze gingen terug naar Daybreak. Toen er een plaats vrijkwam ging Michael onder enig tegensputteren wonen in het 'Green House' op Daybreak. Enige tijd later werd Adam geplaatst in een tehuis voor chronisch zieken dicht bij zijn ouderlijk huis. Zijn ouders konden hem elke dag bezoeken, en dat deden ze dan ook in de vijf jaar die daarop volgden.

Die tussenjaren waren voor Rex en Jeanne één lang vagevuur, om nog maar te zwijgen van Michael en Adam. Michael was heel verdrietig zonder de troost en de zorg van zijn familie en was in het begin ongelukkig op Daybreak, hij wilde terug naar huis, terug naar alles wat hij kwijtgeraakt was. Adam reageerde, in de onpersoonlijke omgeving van een ziekenhuisafdeling voor langdurige verpleging, met gewichtsverlies en gaf het op om nog zelf te staan, te lopen of rond te scharrelen. Het was hartverscheurend voor Rex en Jeanne, wier hele bestaan gericht was op de relatie met hun twee zoons. Ze moesten hen nu overlaten aan de zorg van anderen die hen niet kenden en hun nooit dezelfde liefde en aandacht konden geven. Voortdurend vroegen ze zich af: 'Kan het anders? Is er nog ooit een thuis voor Adam?'

Als ik nadenk over deze eerste periode van Adam's leven zie ik bijna vanzelf een parallel met het leven van Jezus in zijn jaren thuis. Jezus is niet met grote overmacht gekomen, maar als een kwetsbaar mens. De meeste jaren leefde hij in het verborgene, net als ieder mens eerst een baby, daarna een kind, een adolescent met problemen, een jongvolwassene. Ook

Adam had net als Jezus van Nazaret een verborgen leven, dat hem stilaan voorbereidde op dienstbaarheid aan veel andere mensen, ook al hebben noch hijzelf noch zijn ouders dat zo gezien.

Ik zeg niet dat Adam een soort Jezus was. Maar wel dat de kwetsbaarheid van Jezus maakt dat Adam's bijzonder kwetsbare leven een bij uitstek spirituele betekenis heeft. Adam's leven kende geen wapenfeiten, hij muntte niet uit in iets wat de kranten haalt. Maar naar mijn overtuiging was aan Adam toebedacht, dat hij in al zijn gebrokenheid een getuige kon zijn van Gods liefde. Daarmee wil ik niet romantisch of sentimenteel over hem doen. Adam was net als wij iemand met beperkingen, met meer beperkingen dan de meesten van ons, en niet in staat om zich in woorden te uiten. Maar hij was evengoed een volledig mens, een gezegend mens. Met al zijn zwakheid werd hij een unieke bemiddelaar van Gods genade. Hij liet in ons midden Christus zien.

In Adam's innerlijk straalde licht. Licht van God. In Adam's innerlijk heerste nauwelijks beroering, binding, ambitie. Daarom hoefde hij ook de ascese niet op te brengen om zich leeg te maken voor God. Leeg was hij al van nature, door zijn zogenaamde 'handicap'. Naar God hoefde hij niet met zijn gedachten of gevoelens te zoeken. Daarin leek hij op Jezus: dat hij beminnenswaard was, op God gelijkend, en geroepen om vrede te brengen – dat konden alleen diegenen zien die hem konden verwelkomen als een door God gezonden mens.

De meesten beschouwden Adam als een gehandicapte, die weinig te geven had en een last was voor zijn familie, voor zijn sociale omgeving en voor de samenleving als geheel. Zolang hij op die manier werd waargenomen bleef zijn ware gedaante verborgen. Voor wie het niet ontvangen willen bestaat er geen geschenk.

Adam's ouders hielden eenvoudigweg van hem omdat hij Adam was. Om hemzelf. Zonder het met evenveel woorden te zeggen ontvingen ze hem in al zijn kwetsbaarheid ook als een zegenrijk godsgeschenk. Dat maakt alle verschil van de wereld uit, want op die manier is Adam zelf ook iemand, een bijzonder iemand, een prachtig en begaafd mensenkind dat hoop geeft.

Omdat hij zo transparant was konden wij op Daybreak, en vele anderen eveneens, iets ontdekken van Gods onvoorwaardelijke liefde. Dat hij er was, zomaar, zo ongelofelijk waardevol, dat hielp ons te begrijpen dat ook wij, net als hij, geliefde en waardevolle en begenadigde kinderen van God zijn, hoe we onszelf ook zien, als rijk of arm, intelligent of geestelijk gehandicapt, knap of onaantrekkelijk. Zoals een geestelijke begeleider dat doet, zo bracht hij ons steeds op zachtmoedige wijze naar die innerlijke ruimtes die wij doorgaans liever niet betreden, en zo ervoeren we allemaal wat onze eigenlijke roeping was. Door het contact met hem konden we een diepere, echtere identiteit voor onszelf ontdekken.

Maar dat was allemaal nog niet aan het licht gekomen tijdens zijn verborgen leven. Ik denk dat

Adam's ouders dat perspectief voor hun zoon toen nog niet zagen. Net zomin als de ouders van Jezus. Maar dat sluit niet uit dat men na zijn dood het mysterie van zijn leven langzamerhand op die manier ging verstaan. Bij Jezus gebeurde dat zo. Bij Adam ook. En zo is dat ook gebeurd bij bijna alle mensen die wij beschouwen als de grote geestelijke begeleiders uit onze geschiedenis.

In Gods ogen is dat wat verborgen is vaak het belangrijkste. Wat je kunt vertellen over de achttien jaar die Adam thuis doorbracht is heel doodgewoon. Daar komen geen wonderverhalen of ongewone gebeurtenissen aan te pas. Dat gaat over een gezin dat woont in een buitenwijk en dat zijn best doet om een normaal leven te leiden samen met twee prachtige, niet-zo-normale jongens. Dat gaat over Adam, wiens eigenlijke schoonheid op mysterievolle wijze verborgen bleef voor iedereen die hem zag, behalve voor zijn familie en voor een paar vrienden die het 'zagen'.

Hoofdstuk 2
Adam en de woestijn

In de evangelies staat dat Jezus meteen na zijn doop door de Geest de woestijn ingedreven werd, waar hij veertig dagen verbleef en door de duivel bekoord werd. De woestijn is, in het geestelijk leven, de plek waar je bekoord wordt, op de proef gesteld en gelouterd. Ook Adam ging door een woestijnperiode heen.

Overheidsbeleid was de oorzaak dat het verpleeghuis voor chronische patiënten Adam niet wilde opnemen voordat hij achttien jaar was en in aanmerking kwam voor een overheidsuitkering voor gehandicapten. Toen de eerste cheque arriveerde ging Jeanne ermee naar het verpleeghuis. Die accepteerden ze en ze boden Adam een verzorgingsplaats aan.

Jeanne en Rex maakten op de eerste dag in het verpleeghuis kennis met de kamergenoten van Adam: een man van tachtig jaar die een beroerte had gehad, bedlegerig was en niet aanspreekbaar, een vriendelijke MS-patiënt, en een jonge man uit Jamaica die verlamd was geraakt doordat hij op het werk zijn nek gebroken had. Het was een grote kamer met twee grote ramen. Het bed van Adam stond bij de deur.

Toen zijn moeder hem de volgende dag kwam opzoeken trof ze Adam aangekleed en wel aan, hij zat rustig in zijn rolstoel maar was eraan vastgebonden met zijn handen, zijn middel en zijn voeten. Geschokt, vol ongeloof, boos en verdrietig legde ze de verpleging uit dat Adam heus nergens heen kon en dat hij niet hoefde te worden vastgebonden. Zo hoorden ze bijtijds wie Adam was en wat hij nodig had.

De staf van het verpleeghuis was onderbezet en daarom was er weinig persoonlijke aandacht en geen dagprogramma waarbij patiënten van hun kamer werden afgehaald en geestelijk of lichamelijk gestimuleerd werden. Ze werden op tijd lichamelijk verzorgd, ze kregen hun blad met eten voorgezet, maar het dagelijks leven was mat, saai en eenzaam.

Al gauw namen de ouders op zich om Adam 's middags en 's avonds te helpen bij het eten. Vrienden werden gevraagd of kwamen uit zichzelf om Adam eten te geven als zijn ouders verhinderd waren. Daardoor kreeg Adam bezoekjes, aanspraak en traktaties die van niemand anders konden komen dan van degenen die hem kenden.

In die vijf jaar woestijnervaring sprak Adam nooit uit wat hij voelde of dacht over zijn leven in het verpleeghuis. Hij kon niet protesteren of actie voeren voor een beter bestaan; hij kon zelfs niet laten zien dat hij eenzaam was, pijn had of niet tevreden was. Urenlang zat hij, overdag en 's nachts, alleen en zwijgzaam, geduldig te wachten op een thuis.

Vaak kwam Adam het weekend naar huis. Rex zegt: 'Hij was zo'n lief mens, we vonden het heerlijk om hem thuis te hebben.' Hoezeer Jeanne en Rex ook probeerden om zijn leven zo aangenaam mogelijk te maken, hoofdzakelijk bleven ze toch bezig om voor Adam een tehuis te vinden dat zijn thuis kon worden. Ze bleven zoeken en bezochten tehuizen en instellingen overal in Ontario.

Op een dag ontdekte Rex dat Adam opnieuw een toeval had gehad en zijn kin had gestoten waarbij zijn voortanden in het tandvlees geschoten waren. Niemand bleek het voorval te hebben opgemerkt, zodat hij ook niet te weten kwam hoe lang Adam had liggen wachten tot hij geholpen en behandeld werd. Toen Rex om hulp vroeg kreeg hij te horen dat het verpleeghuis geen tandarts in dienst had en dat hij Adam maar moest meenemen naar zijn eigen tandarts. Dit keer was Adam zijn twee voortanden kwijt.

Rex en Jeanne raakten wat meer vertrouwd met Adam's kamergenoot Peter. Peter zag er soms wat angstaanjagend uit, want hij had dik zwart en ruig haar, maar in werkelijkheid was hij een heel geduldige en lieve man. Hij werd een soort woordvoerder voor Adam. Als Jeanne en Rex op bezoek kwamen kon hij vertellen dat Adam een slechte nacht gehad had, of dat Adam die dag geen toevallen had gehad, of dat die en die vrienden van Adam op bezoek geweest waren. Peter werd vaak bezocht door vrienden uit de Jamaicaanse gemeenschap in Toronto, maar het allerliefst had hij bezoek van zijn moeder. Eén keer in de maand kwam ze met de bus vanuit

New York en bracht hem wat van 'thuis', haar liefde voor hem en wat Jamaicaans eten. Peter was ook erg gesteld op Rex, Jeanne, Adam en hun vrienden, die een praatje met hem maakten en hem door zijn lange eenzame dagen heen hielpen.

De periode in het verpleeghuis was voor Adam zonder twijfel zijn woestijn. Zoals Gods Geest neerdaalde op Jezus in de Jordaan en hem daarna de woestijn indreef, zo daalde diezelfde Geest op Adam neer toen hij nog thuis woonde en dreef hem naar deze plaats van loutering. Dat was een periode van beproeving, misschien niet zozeer voor Adam zelf als wel voor degenen die hem als een geschenk beschouwd hadden en hem hun 'vredebrenger' genoemd hadden. Ze werden ontmoedigd in hun zoektocht, belemmerd door de manier waarop onze samenleving aankijkt tegen mensen in de marge. Was er nog iemand die in Adam een goed schepsel Gods kon zien, in dat grote en anonieme huis waar te weinig personeel was, mensen die op een routinematige manier bezig waren? Was er nog iemand die kon zien dat Adam een unieke persoon was, in een omgeving waar hij en zijn medepatiënten meer als object van zorg dan als menselijke persoon behandeld werden? Was er nog iemand die dankbaar kon zijn om Adam's bestaan, als er niet eens tijd was om hem in bad te doen of hem eten te geven? Je moest zo welhaast vergeten, dat Adam iemand was die bij God vandaan kwam en die een opdracht van Godswege te vervullen had.

Adam was gezonden om Goed Nieuws aan de wereld te brengen. Dat was zijn missie, net zoals het de missie van Jezus was. Adam bestond op zijn heel eenvoudige, rustige en unieke wijze. Hij was een menselijke persoon, en zijn leven als zodanig getuigde van dat wonderbaarlijke goddelijke mysterie: ik ben de moeite waard, bemind, intact, uit God geboren. Adam was een stille getuige van dit mysterie, of hij nu wel of niet kon praten, lopen of zich uitdrukken, en of hij nu wel of niet geld kon verdienen, een baan had, acceptabel was, beroemd, getrouwd of ongetrouwd. Het had alleen te maken met wie hij wás. Hij was en is een geliefd kind van God. Dat is dezelfde boodschap die Jezus kwam verkondigen, het goede nieuws waarvan alle armen getuigen precies in en door hun zwakheid. Leven is een geschenk. Ieder van ons is uniek, bij name gekend, en bemind door Degene die ons gemaakt heeft. Er is jammer genoeg ook een andere boodschap die zich vanuit onze wereld luid en vasthoudend en krachtig aan ons opdringt; daardoor menen we dat we pas geliefd zijn als we iets gepresteerd hebben, of er goed uitzien, of iets bezitten. Dan moeten we zo nodig 'geslaagd' zijn in dit leven, en kunnen we maar moeilijk vatten hoe bevrijdend het is om onze ware oorsprong en onze ware bestemming te kennen. Die boodschap moeten we steeds opnieuw aangezegd en voorgeleefd krijgen. Pas dan zullen we de moed vinden om er ja tegen te zeggen en er ons leven op te bouwen.

Jezus heeft tijdens zijn leven niet veel bereikt. Hij stierf als een mislukkeling. Adam heeft ook niet veel tot stand gebracht. Hij stierf even armzalig als hij geboren was. Maar zowel Jezus als Adam was Gods welbeminde zoon – Jezus van nature, Adam per 'adoptie' – en dat was het enige wat ze ons echt te bieden hadden. Dat was hun missie. En de mijne, en die van u. Daarin te geloven en van daaruit te leven maakt heilig en onschendbaar.

Met deze verpleeghuisjaren werd Adam's verborgen leven afgesloten. In velerlei opzicht was Adam niet meer dan een 'cliënt' geweest voor de onderwijzers, artsen, verpleegkundigen, tandartsen, maatschappelijk werkers, pastores en ambtenaren, voor de meesten die hem beroepsmatig ontmoetten, die met hem aan het werk gingen, en toch niet in staat waren iets te vatten van de schoonheid van zijn geest, van zijn geduldige volharding en van zijn zachtmoedig hart.

Maar Rex, Jeanne en hun vrienden hielden de waarheid over Adam vast. Ze weerstonden aan de bekoring om alleen Adam's handicaps te zien. Ze aanvaardden dat hij geen stenen in brood kon veranderen, en dat hij niet zonder risico zich van een hoge toren kon laten vallen, en dat hij geen rijkdommen kon vergaren, maar al die aardse dingen hoefde hij ook niet te doen want diep in hun hart wisten ze dat hij door God geliefd was. Dat God van hem hield was vijf jaar lang het motortje achter hun zoektocht naar een thuis voor Adam, een plek waar zijn gaven zichtbaar konden worden en waar hij zijn unieke missie kon volbrengen.

Daybreak kon Adam niet opnemen omdat er geen voorzieningen waren voor de lichamelijke en medische verzorging die Adam nodig had. Maar mettertijd groeide er vriendschap tussen de ouders van Adam en de mensen van Daybreak. Nadat de gemeenschap Michael eenmaal onder de kernleden had opgenomen kregen ze ook oog voor het levensgrote verdriet van Rex, Jeanne en Adam zelf. Geleidelijk aan werd duidelijk dat Adam een plaatsje moest krijgen bij zijn broer op Daybreak, en dat er voorbereidingen moesten worden getroffen om dat mogelijk te maken.

Daybreak deed er lang over om zich voor te bereiden. Een van de assistenten werd naar de Arkgemeenschap in Frankrijk gestuurd om ervaring op te doen met zware lichamelijke en medische verzorging. Een gedeelte van het 'New House' werd gerenoveerd, er kwam een aparte badkamer waar rolstoelen naar binnen konden, met relingen langs de muur. Er werd een speciaal dagprogramma ontworpen met activiteiten voor kernleden in het dorp Richmond Hill waar Daybreak ligt. Het duurde meer dan een jaar, maar ten slotte was alles klaar om Adam welkom te heten in zijn nieuwe huis. Voor Rex en Jeanne was er weer hoop. Michael was blij, want die had jarenlang gewacht op hereniging met zijn broer. En voor alle mensen in Daybreak betekende het verwachting, een beetje spanning, en groot enthousiasme omdat ze de broer van Michael welkom heetten en daarmee hun eigen missie verbreedden naar iemand die meer dan de gewone zorg nodig had.

Op 1 mei 1985 hielpen Rex en Jeanne hun tweede zoon verhuizen naar het 'New House' op Daybreak. Michael was erbij, een en al blijdschap. Jeanne moest huilen toen ze de meubels en de kleren van Adam een plaatsje gaf in zijn nieuwe kamer. Rex maakte grappen met de assistenten terwijl ze de spullen van Adam uitlaadden. Adam's openbare leven was begonnen.

Hoofdstuk 3
Adam's openbaar leven

In augustus 1986 ontmoette ik Adam voor de eerste keer. Toen ik op Daybreak arriveerde kreeg ik een kamer in het souterrain van het 'New House', een van de acht huizen die de gemeenschap ter beschikking staan. Bij dit huis en de mensen die er woonden zou ik gaan horen, binnen de bredere Daybreakgemeenschap. Hier zou ik vertrouwd kunnen worden met het dagelijks leven van een doorsnee Ark-huis.

Behalve met Adam maakte ik kennis met andere huisgenoten: de vijfenzeventigjarige Roy, die vijftig jaar in een grote inrichting voor gehandicapten had doorgebracht; John, een dertiger met het Downsyndroom; Rosie, die twintig van haar tweeëntwintig levensjaren in een verpleegtehuis had doorgebracht; en Michael, begin twintig, die geen familiebanden had en leed aan een ernstige vorm van hersenverlamming. Deze gehandicapte mensen heten de 'kernleden' van Daybreak omdat zij het hart zijn van het gemeenschapsleven dat rond hen gestalte krijgt. De assistenten in het 'New House' waren jonge mannen en vrouwen uit verschillende landen die een jaar of langer samenwoonden met de kernleden en een thuis vormden.

Wetende dat de missie van de Ark was dat je samenleefde met kernleden begon ik dus aan mijn nieuwe bestaan met alle mensen in het 'New House'. Ik had geen ervaring met werken met je handen, met koken en huishouden. Ik had twintig jaar lang lesgegeven aan universiteiten in Nederland en de Verenigde Staten en had al die tijd nooit veel aandacht gehad voor het creëren van een thuis, en ik had nooit van dichtbij gehandicapten meegemaakt. Bij mijn familie en vrienden ging ik door voor onhandig, mijn vrienden noemden me vaak een verstrooide professor.

Maar, verstrooid of niet, al gauw vroegen ze me: 'Henri, wil jij Adam 's morgens helpen? Dat wil zeggen dat je hem elke ochtend moet klaarmaken voor zijn dag.' Adam helpen hield in dat je hem om zeven uur 's morgens moest wekken, zijn pyjama uitdoen en zijn kamerjas aandoen, hem naar de badkamer brengen, zijn baard scheren, hem in bad doen, kleren uitkiezen voor die dag, hem aankleden, zijn haar kammen, met hem naar de keuken lopen, zijn ontbijt klaarmaken, dicht naast hem zitten als hij ontbeet, zijn beker vasthouden als hij dronk, zijn tanden poetsen, zijn jas en handschoenen aantrekken en zijn petje opzetten, hem in de rolstoel zetten, en hem in zijn rolstoel over de hobbelige weg naar zijn dagprogramma op Daybreak brengen, waar hij tot 's middags vier uur zou blijven.

Ik was verslagen! Ik dacht echt dat ik dat niet kon. 'En als hij valt? Hoe moet ik hem vasthouden als hij loopt? En als ik hem pijn doe en hij kan het niet eens tegen me zeggen? En als hij een toeval krijgt? En als ik het bad te warm of te koud maak? En als ik bij het scheren een wondje maak? Ik weet niet eens hoe ik hem aan moet kleden! Er kan zoveel fout gaan. Bovendien, ik ken hem niet. Ik ben geen verpleger. Ik ben daar helemaal niet voor opgeleid!' Een paar van deze tegenwerpingen zei ik hardop; de meeste hield ik voor me. Maar het antwoord was helder, beslist en geruststellend: 'Je kunt het. Ten eerste zullen we je helpen en je een hele tijd gunnen totdat je je ermee vertrouwd voelt. Als je eraan toe bent kun je het in je eentje gaan doen. En ook dan kun je ons altijd roepen als je iets wilt vragen. Het zal even duren maar dan zul je de slag te pakken hebben. Het zal routine worden, en langzamerhand zullen Adam en jij elkaar leren kennen.'

Ik begon met angst en beven. Ik herinner me die eerste dagen nog heel goed. Zelfs met de hulp van andere assistenten was ik benauwd om Adam's kamer binnen te lopen en die vreemde man te wekken. Hij ademde zwaar en bewoog rusteloos met zijn handen, en daardoor werd ik me heel erg bewust van mezelf. Ik kende hem niet. Ik wist niet wat hij van mij verwachtte. Ik wilde hem niet van streek maken. En tegenover de anderen wilde ik niet afgaan. Ik wilde niet uitgelachen worden. Ik wilde anderen niet in verlegenheid brengen.

Omdat ik in het begin niet wist hoe ik met Adam om moest gaan als ik met hem niet over en weer kon praten zoals ik dat met anderen deed, concentreerde ik me op de dagelijkse routine. In dat eerste begin zag ik hem als iemand die heel anders was dan ik. Ik verwachtte absoluut geen communicatie, omdat hij niet kon praten. Vaak viel zijn ademhaling even stil en dan was ik bang dat hij niet opnieuw ging ademen. Hij sloeg soms in de lucht met zijn handen, en hij verstrengelde zijn vingers, zodat ik dacht dat hem iets dwarszat, maar ik had geen flauw idee wat dat dan kon zijn. Om met hem te lopen moest ik achter hem gaan staan en hem met mijn lichaam en mijn armen ondersteunen. Ik was steeds weer bang dat hij over mijn voeten zou struikelen en zou vallen en zich pijn zou doen. Ik was er ook voortdurend op bedacht dat hij ieder moment een ernstige epileptische aanval kon krijgen: in bad, op de wc, tijdens het ontbijt, in bed, als hij liep, of tijdens het scheren.

In het begin had ik alleen maar vragen aan mezelf en anderen: 'Waarom hebben jullie me dit gevraagd? Waarom heb ik ja gezegd? Wat doe ik hier? Wie is die vreemde man die elke dag zo'n hoop tijd van me vraagt? Waarom moet precies ik – van alle mensen hier in huis de meest onhandige – juist voor Adam zorgen en niet voor iemand die ietsje minder verzorging nodig heeft?' Het antwoord was altijd hetzelfde: 'Op die manier kun je Adam beter leren kennen.' Hoe, dat was me een raadsel. Adam keek dikwijls naar me en volgde me met zijn ogen, maar hij praatte niet en reageerde niet als ik hem iets vroeg. Adam lachte me niet toe als ik iets goed deed, en hij protesteerde niet als ik me vergiste. Ik vroeg me zelfs af of hij me wel herkende. Hoe zou ik hem beter kunnen leren kennen? Wat dacht hij, wat voelde hij, wat ving hij op? Wat beleefde hij aan mij?

De eerste paar weken riep ik voortdurend vanuit de badkamer: 'Help me alsjeblieft eventjes. Kun je alsjeblieft even komen en me een handje helpen. Ik kan hem niet in bad krijgen. Ik kan zijn tandenborstel niet vinden. Ik weet niet of dit zijn werkbroek of z'n nette broek is. Wil je alsjeblieft even bij hem blijven, dan haal ik zijn scheerapparaat. Ik durf hem niet alleen te laten.' Altijd weer kwamen ze aanzetten: Anneika, Regina, D.J., Steve, of wie er ook maar in de buurt was. 'Doorzetten, Henri,' zeiden ze steeds maar. 'Nog even en je kent hem. Het duurt niet lang meer of je bent door de wol geverfd. Nog even en je zult van hem houden.' Ik was zo bang dat ik me niets kon voorstellen bij 'houden van Adam'.

Hoezeer ik ook m'n best deed, ik begreep het niet. Moet je niet juist de meest professionele mensen laten werken met zwaar gehandicapte mensen? Je zoekt toch het allerbeste voor degenen die de meeste hulp nodig hebben? Maar van de assistenten kreeg ik steeds opnieuw te horen dat we hier niet over onszelf denken als zorgverleners en patiënten, of als stafleden en cliënten. Sommigen van ons hier zijn assistenten en anderen zijn kernleden. Iedereen hier – ja, ieder persoonlijk – is in feite een amateur, een 'liefhebber' in de letterlijke zin van het woord.

Maar dat besefte ik in het begin niet. Een tijdlang had ik al mijn energie nodig om de juiste handelingen te verrichten en zo min mogelijk fouten te maken. Daardoor kreeg ik ten slotte de routine te pakken en begon ik zelfvertrouwen te krijgen. Ik heb geen idee of Adam mij ook vertrouwde of niet.

Doorgaans kostte het me twee uur om Adam uit bed en in de badkamer te krijgen, uit de badkamer en in de keuken, en uit de keuken in zijn rolstoel naar zijn dagprogramma. Als ik hem daar eenmaal had afgeleverd voelde ik me opgelucht en ging aan het werk, dingen doen die ik goed kan: praten, brieven dicteren, pastorale gesprekken voeren, telefoneren, vergaderingen leiden, preken, voorgaan in de liturgie. In die wereld voelde ik me thuis, dat kon ik.

Toch voelde ik me, vanaf het eerste begin, ook een beetje bevoorrecht. Ik vond het fijn dat de jonge assistenten van het 'New House' me bleven stimuleren om Adam te helpen en dat ze me steeds weer lieten zien dat ik het best kon. Ik was dankbaar dat ze me er niet van vrijstelden onder het voorwendsel dat ik te oud was, te stom, te onhandig of te onervaren, maar dat ze me de kans gaven. Maar ik voelde het ook als een bijzondere eer dat de zwakste en meest gehandicapte man van het huis – ja zelfs van de hele gemeenschap – aan mij was toevertrouwd. Ergens wist ik dat het daarom ging in de Ark: dat de zwakste en meest weerloze mensen er centraal stonden en dat men zocht naar wat zij aan unieks te geven hadden. Adam was zwakker en weerlozer dan wie ook in Daybreak, en ze hadden Adam aan mij gegeven, de meest onhandige van allemaal, om voor hem te zorgen... maar niet alleen om te zorgen.

Heel geleidelijk begon er iets te veranderen. Doordat ik meer vertrouwen kreeg en meer ontspannen raakte stond ik ook meer open voor een echte ontmoeting met deze man die op mijn levensweg was gekomen.

Als ik 'werkte' met Adam begon ik te begrijpen dat ik me in het hart van Daybreak bevond. Hoe dikwijls had Jean Vanier, de stichter van de Ark, me niet gezegd: 'De Ark is niet gebouwd rondom het woord, maar rondom het lichaam. Wij hebben het voorrecht dat iemands lichaam aan ons wordt toevertrouwd.' Heel mijn leven had vorm gekregen door woorden, ideeën, boeken, encyclopedieën. Maar mijn prioriteiten waren nu aan het verschuiven. Adam en onze kostbare gezamenlijke uren werden belangrijk voor me, uren waarin hij zijn lichaam in alle weerloosheid aan mij toevertrouwde, zichzelf overgaf aan mij om uitgekleed, gebaad en aangekleed te worden, te eten te krijgen, en van de ene plek naar de andere te komen. De nabijheid van Adam's lichaam bracht mij dicht bij Adam. Heel geleidelijk leerde ik hem kennen.

Ik moet eerlijk opbiechten dat ik op sommige momenten ongeduldig was en al bezig met wat ik zou gaan doen als ik Adam 'klaar had'. Dan ging ik, zonder aan zijn persoon te denken, haast met hem maken. Soms bewust, maar meestal onbewust duwde ik dan jachtig zijn armen door de mouwen van zijn overhemd of zijn benen door de broekspijpen. Ik wilde echt om negen uur klaar zijn zodat ik aan mijn andere werk kon beginnen. Op zulke momenten leerde ik dat Adam beslist wel kon communiceren! Hij liet me weten dat ik niet echt aanwezig was bij hem en dat ik mijn eigen programma belangrijker vond dan het zijne. Een paar keer reageerde hij op mijn gejaagdheid met een epileptische aanval, en ik besefte dat dat zijn manier was om te zeggen: 'Rustig aan, Henri! Kalm aan.' En óf ik het kalm aan moest doen! Door een epileptische aanval raakte hij zo uitgeput dat ik overal mee moest ophouden en hem rust moest geven. Soms, als het een ernstige aanval was, bracht ik hem terug naar bed en legde hem dik onder de dekens om zijn heftige rillingen tegen te gaan. Adam communiceerde met mij en maakte me constant duidelijk, dat ik rustig en ongehaast bij hem moest zijn. Ik voelde dat hij me vroeg of ik bereid was me aan te passen aan zijn ritme en aan zijn behoeften. Ik begon een nieuwe taal te leren, Adam's taal.

Ik begon tegen Adam te praten. Of hij iets hoorde of begreep liet ik maar in het midden, ik wilde hem gewoon vertellen wat ik voelde en dacht over hem, over mezelf, over ons. Het kon me ook niet meer zoveel schelen dat hij niet met woorden antwoord kon geven. We waren bij elkaar, onze vriendschap groeide, en ik vond het fijn er gewoon maar te zijn. Al gauw werd Adam een zeer betrouwbare toehoorder. Ik praatte tegen hem over het weer, over de dag die eraan kwam, over hoe hij de dag zou doorbrengen en over mijn werk, over wat ik zijn mooiste kleren vond, over de graansoorten die ik voor zijn ontbijt zou nemen, en over de mensen die hem die dag gezelschap zouden houden. Ten slotte merkte ik dat ik hem ook mijn geheimen ging toevertrouwen, ik vertelde hem over mijn stemmingen, mijn frustraties, over vriendschappen die ik makkelijk en die ik moeilijk vond, en over mijn gebedsleven. Het meest bijzondere eraan was, dat ik me langzaamaan ging realiseren dat Adam er echt voor mij was, hij luisterde met heel zijn wezen en gaf me een veilige eigen plek. Daar had ik niet op gerekend, en al kan ik het niet goed onder woorden brengen, het gebeurde echt.

Naarmate de weken en de maanden verstreken raakte ik gehecht aan die een of twee uur per dag met Adam. Dan had ik rust, het werd het meest bezinnende en innige deel van de dag, één lang gebed eigenlijk. Adam hoorde ik zo rustig zeggen: 'Wees gewoon maar bij me, geef je eraan over dat je hier moet zijn en nergens anders.' Soms was ik aan het werk op mijn kantoor of in gesprek met mensen, en dan kwam Adam even in mijn gedachten. Ik dacht aan hem als een stille, vredige aanwezigheid in het hart van mijn bestaan. Soms was ik angstig, geïrriteerd of gefrustreerd over iets dat niet zo goed of zo snel liep als ik wilde, en dan kwam Adam in mijn gedachten en hij leek mij terug te roepen naar de stilte in het oog van de cycloon. De rollen werden omgedraaid. Het werd Adam die *mij* iets leerde, die *mij* bij de hand nam en die als ik in de war was mee opliep door de woestenij van *mijn* leven.

Er was meer. Door dagelijks met hem te verkeren was er een band tussen ons gegroeid die dieper was dan ik aanvankelijk dacht. Adam hielp me wortel te schieten, in Daybreak maar vooral in mijzelf. Dicht bij hem en zijn lichaam te zijn bracht me dichter bij mijzelf en mijn eigen lichaam. Alsof Adam me steeds weer terughaalde naar de aarde, naar de grond van het bestaan, naar de bron van het leven.

Het was alsof hij tegen me zei: 'Je *hebt* niet alleen, net als ik, een lichaam, Henri, maar je *bent* je lichaam. Je woorden moeten niet losraken van je lijf. Je woorden moeten vlees worden en blijven.' Adam wilde iets met me en hij kreeg een centrale plaats in mijn leven. Ik begon echt met hem om te gaan en op hem gesteld te raken.

Hij was nu geen vreemde meer voor me. Hij werd een vriend, een betrouwbare kameraad. Zijn aanwezigheid gaf me – en ik had het al lang kunnen weten – wat ik het meest nodig had in dit bestaan: liefde, vriendschap, saamhorigheid, een thuis. Zijn zachtmoedige manier van leven had invloed op me en in de uren die we samen doorbrachten leerde hij me ingrijpend wat liefde is. Adam moet heel fundamenteel 'geweten' hebben dat hij in liefde geborgen was. Dat wist hij in zijn ziel. Adam kon niet nadenken over wat liefde was, over het hart dat de kern van ons bestaan is, dat waardoor we mens zijn, en waarin we liefde geven en ontvangen. Hij kon niet met mij praten over wat zijn, of mijn of Gods hart bewoog. Woorden had hij niet om mij iets uit te leggen. Maar hij had wel een levend hart, vol liefde die hij kon geven en ontvangen. Adam leefde volop omdat hij een hart had.

Mijn toenadering tot Adam bracht me via zijn hart naar wie hij was, naar de ziel en de geest van zijn persoon. Zijn hart was transparant tot op zijn persoon, en daardoor transparant tot op het hart van het heelal, en het hart van God zelf. Jarenlang had ik gestudeerd, nagedacht en theologie gedoceerd, en nu was Adam in mijn leven gekomen. In zijn leven en zijn hart kwam kernachtig alles samen wat ik ooit had geleerd.

Ik heb altijd geloofd dat het Woord van God vlees is geworden. Thema van mijn preken was vaak dat het goddelijke zichtbaar is geworden in mensen en dat daardoor alles wat menselijk is iets kan tonen van het goddelijke. Adam kwam samen met anderen naar onze liturgische vieringen, om te bidden en mij te horen preken. Hij zat vlak voor me in zijn rolstoel, en dan 'zag' ik hoe God in hem zichtbaar werd. Het is mijn gelovige overtuiging dat Adam een hart had waarin het Woord van God woonde, stil en heel nabij. In al de uren die we samen hadden doorgebracht had Adam me laten ontdekken waar God intiem verblijf hield en betekenis gaf aan zijn en mijn menszijn.

Aan Adam's menszijn werd geen afbreuk gedaan door zijn handicaps. Adam was mens in de volle zin van het woord, in hem werd zichtbaar wat liefde was voor mij en voor de anderen die hem leerden kennen. Ik begon van Adam te houden op een manier die uitging boven alle gevoelens, emoties en hartstochten die ik doorgaans geassocieerd had met liefde tussen mensen. Adam kon niet zeggen: 'Ik houd van je', hij kon me niet spontaan omhelzen of 'dank je wel' zeggen. En toch hielden we van elkaar, zo lijfelijk en tastbaar als liefde nu eenmaal is, en tegelijk met een diepe bezieling. We waren hartsvrienden, broers. Adam's liefde was zuiver en oprecht, het was dezelfde liefde die als een groot geheim zichtbaar was in Jezus, die al wie hem aanraakten genas.

Op bijeenkomsten en retraites van de Ark vragen ze ons vaak: 'Wie van je huisgenoten heeft je laten ontdekken dat gehandicapte mensen evenveel kunnen geven als ontvangen? Wie heeft gemaakt dat je je thuis bent gaan voelen waar je woont? Wie heeft je geïnspireerd om je te verbinden tot een leven met gehandicapte vrouwen en mannen? Wie nodigde jou uit om ja te zeggen tegen een leven dat voor buitenstaanders zo oninteressant en marginaal lijkt?' Ik zeg altijd: 'Adam.' Adam was zo afhankelijk van ons dat hij mij recht naar de kern, naar de bron van alles verwees. Naar vragen als: wat is saamhorigheid? Wat is zorgen voor? Liefhebben? En wie ben ik zelf, wie zijn wij, wie is God? Adam had volop leven in zich waarmee hij die vragen kon verhelderen. Zo'n ervaring kun je niet begrijpen door logisch te redeneren. Zulk begrijpen komt alleen toe aan twee heel verschillende mensen die zich geestelijk met elkaar verbinden en elkaar als volstrekt gelijken ontmoeten in het hart van God. Uit mijn hart kon ik hem iets geven van de zorg die hij nodig had, en uit zijn hart gaf hij mij zichzelf, als een authentieke en blijvende zegen.

Hoe drong het tot me door wat er allemaal met me gebeurde? Een paar maanden na mijn aankomst op Daybreak kreeg ik een bevriende pastor op bezoek die jarenlang pastoraaltheologie gedoceerd had. Hij kwam toen ik mijn eerste indrukken van Adam al totaal vergeten was en hem al met nieuwe ogen zag. Hij was geen vreemde en zelfs geen gehandicapte meer voor me. We deelden ons leven, en samenwonen met Adam en de anderen was heel 'gewoon'. Ik was er trots op dat ik voor Adam zorgde, en ik wilde mijn gast graag met hem laten kennismaken.

Toen mijn vriend het 'New House' binnenkwam en mij daar zag met Adam keek hij me aan en vroeg: 'Henri, besteed jij daar je tijd aan?' Ik zag dat hij niet alleen verontrust maar ook kwaad was. 'Ben je daarvoor weggegaan van de universiteit, waar je zoveel mensen inspireerde, om je tijd en energie aan Adam te geven? Je weet niet eens hoe 't moet, waarom laat je dat werk niet over aan mensen die ervoor opgeleid zijn? Jij kunt je tijd wel beter besteden.'

Ik was geschokt. Er schoot van alles door me heen, en ik zei niet wat ik dacht: 'Ben ik mijn tijd dan aan 't verdoen met Adam, is dat wat je zegt? En dat zeg jij, een ervaren pastor? Zie je niet dat Adam mijn vriend is, mijn leraar, mijn geestelijk begeleider, mijn raadsman, mijn pastor?' Op hetzelfde moment besefte ik dat hij niet dezelfde Adam zag als ik. Wat hij zei klopte in zijn ogen want hij 'zag' Adam niet echt, en hij was er beslist niet aan toe om hem te leren kennen.

Mijn vriend had nog veel meer vragen bij Adam en de mensen met wie ik het huis deelde: 'Mag je wel zoveel tijd en geld besteden aan ernstig gehandicapte mensen, terwijl er zoveel gezonde mensen zijn die nauwelijks te eten hebben?' En: 'Mogen zulke mensen wel tijd en energie vragen die eigenlijk nodig zijn om de echte problemen van de mensheid op te lossen?'

Ik gaf geen antwoord op zijn vragen. De thema's die hij aanroerde liet ik voor wat ze waren. Ik had het gevoel dat ik niet veel redelijke argumenten bij de hand had die mijn vriend op andere gedachten zouden brengen. Door dagelijks op te trekken met Adam was ik aan het veranderen. Natuurlijk verzorgde ik hem, maar er was meer, liefde kreeg stem in mij terwijl ik bij Adam aanwezig was. Die twee uur waren een geschenk, een contemplatief moment waarin we samen iets van God op het spoor kwamen. Bij Adam was ik dicht bij het heilige, en 'zag' ik Gods aangezicht.

Jarenlang had ik het woord 'incarnatie' uitsluitend gebruikt voor Jezus in wie God onze geschiedenis binnenkomt. Door mijn verbondenheid met Adam besefte ik dat Christus' tastbare aanwezigheid niet alleen iets was van een ver verleden. Christus is aanwezig telkens wanneer mensen elkaar in de geest begroeten. Dan komt het heilige ook nu nog aanwezig, dan 'gebeurt' God tussen mensen. Dat wordt bedoeld met sacramenteel leven. God is steeds opnieuw tastbaar aanwezig wanneer mensen elkaar 'in Gods naam' ontmoeten. Door mijn omgang met Adam leerde ik opnieuw zien en horen. Er voltrok zich een verandering in mij die ik niet had voorzien.

Ik was maar één van de vele mensen die tijd en energie staken in Adam. Adam was, behalve tijdens zijn acht uur nachtrust, geen moment alleen. Tijdens zijn dagprogramma van negen uur 's morgens tot vier uur in de middag was hij omringd door mannen en vrouwen die met hem gingen wandelen, zwemmen, oefeningen doen, hem massages gaven, hielpen met de lunch en met omkleden. Al die tijd werd er met hem gepraat, gelachen, naar muziek geluisterd, kortom een omgeving gecreëerd waarin hij zich veilig en thuis voelde. Als hij om vier uur terugkwam in het 'New House' zat hij meestal een paar uur te soezen in zijn leunstoel. Dan was het etenstijd en kon hij het beetje zelfstandigheid dat hij had kwijt in het hanteren van zijn eigen lepel en beker en kon hij tot verbazing van zijn gasten flink eten. Na het avondeten werd er gebeden en gezongen. Mensen hielden zijn handen vast of legden hun armen om zijn schouders. Adam's broer Michael was er altijd en zat net als ik graag naast hem, soms praatten we met hem, soms waren we liever gewoon stil met hem. Ook Jeanne en Rex namen hem graag voor het weekend of de vakantie mee naar huis, ze zochten hem vaak op, wandelden met hem of zaten bij hem in de huiskamer of in zijn slaapkamer terwijl ze hem lieve woordjes toefluisterden. Iedereen had een relatie met Adam. Iedereen ervoer een stukje vrede, nabijheid, geborgenheid, liefde.

Kon Adam bidden? Wist hij wie God is en wat de Naam van Jezus bewerkt? Had hij enig begrip van Gods mysterievolle aanwezigheid onder ons? Daar heb ik lang over nagedacht, ik was nieuwsgierig in hoeverre Adam kon weten of begrijpen wat ik wist en begreep. Maar ik weet nu dat dat platte vragen zijn, vragen die meer voortkomen uit mijn eigen onzekerheid dan uit Gods liefde. Vanuit Gods perspectief was de vraag veeleer: 'Kun je je door Adam tot bidden laten brengen? Kun je geloven dat ik diep verbonden ben met Adam en dat zijn leven één gebed is? Wil je Adam een levend gebed laten zijn aan je tafel? Kun je mijn gezicht zien in dat van Adam?'

En terwijl ik, de zogenaamde 'normale' van ons twee, bleef nadenken over de mate waarin Adam op mij leek, kon en hoefde hij op zijn beurt geen vergelijkingen met mij te maken. Hij leefde gewoon en bood me aan wat alleen hij te geven had, een geschenk verpakt in zwakheid dat mij kon veranderen. Terwijl ik mij het hoofd brak over wat ik te doen had en hoeveel ik af kon krijgen liet Adam me weten dat 'zijn belangrijker is dan doen'. Terwijl ik bezorgd was over de manier waarop er over mij gepraat of geschreven werd liet Adam me stilletjes horen dat 'de liefde van God belangrijker is dan de waardering van mensen'. Terwijl ik me druk maakte over wat ik persoonlijk tot stand bracht herinnerde Adam me eraan dat 'dingen samen doen belangrijker is dan dingen alleen doen'. Adam kon helemaal niets tot stand brengen en had niets om zich op te beroemen, geen grote naam, geen onderscheidingsteken en geen eerste prijs. Maar zijn bestaan was het meest radicale getuigenis dat ik ooit ben tegengekomen van waar het in ons leven om gaat.

Het duurde lang voordat ik die ommekeer van waarden doorhad, maar na het eerste aanvoelen ervan opende zich voor mij geheel nieuw spiritueel terrein. Ik begreep nu beter wat Jezus bedoelde toen hij zei: 'Gelukkig úw ogen, omdat zij zien, en úw oren, omdat zij horen! Want voorwaar, Ik zeg u:

vele profeten en rechtvaardigen hebben verlangd te zien wat gij ziet, maar zij hebben het niet gezien; en te horen wat gij hoort, maar zij hebben het niet gehoord' (Matteüs 13,16-17). In Adam kwamen alle grote evangelische paradoxen tot leven – dat de laatsten de eersten zullen zijn, dat zij die hun leven verliezen het zullen winnen, dat de armen zalig zijn en dat de zachtmoedigen het Koninkrijk zullen erven.

Dat heeft niks te maken met romantiek of vroomheid. Veel mannen en vrouwen hebben Adam in de elf jaar dat hij op Daybreak woonde geholpen, en ze kunnen allemaal iets vertellen over zijn verzorging. Toen Adam in het 'New House' aankwam was hij tweeëntwintig jaar oud. Hij was bepaald niet mager, het was niet gemakkelijk om hem van achteren te ondersteunen bij het lopen, en er moesten veel ingewikkelde en vermoeiende dingen gedaan worden om zijn fysieke conditie op peil te houden. Door de jaren heen hadden heel wat mensen op Daybreak ervaring opgedaan met zijn dagelijkse verzorging, zodat er altijd iemand kon inspringen als niemand in huis tijd had om Adam te helpen. Adam's huisgenoten Rosie, Michael, John en Roy hadden ook veel aandacht nodig. Rosie die tegelijk met Adam in het 'New House' kwam wonen is even zwaar gehandicapt. Michael is niet alleen geestelijk gehandicapt maar heeft ook een ernstige vorm van hersenverlamming, en heeft hulp nodig bij elke beweging die hij maakt. John heeft het Down-syndroom en gaat wel zijn eigen gang, maar hij heeft op het emotionele vlak steun en aandacht nodig. En Roy, die met zijn tachtig jaar het oudste lid van de gemeenschap is, heeft voortdurend emotionele en fysieke verzorging nodig. Het 'New House' is, met z'n vijf of zes assistenten en vijf kernleden, een heel druk huis, en al die assistenten die daar gewoond en gewerkt hebben dachten niet altijd over Adam in de termen waarin ik hem nu beschrijf. Toch beschouwden ze zichzelf nooit als schoonmakers, keukenpersoneel, verzorgers en afwashulpen, en dat kwam omdat ze van Adam, Rosie, Michael, John en Roy die aan hun zorgen waren toevertrouwd evenveel terugkregen als ze hen gaven. De meeste assistenten kwamen daardoor in aanraking met het mysterie van hun eigen leven, ze voelden dat er een innerlijke vernieuwing in hen plaatshad, en dat kwam vooral omdat ze in staat waren iets te ontvangen van de mensen voor wie ze zorgden.

Als ik het heb over Adam's vermogen om te 'geven' romantiseer ik zijn situatie niet: die eiste uitermate veel van anderen en was weinig lonend. Wat Adam te geven had was heel alledaags. Als de assistenten op maandagmorgen de voorbije en de komende week doorspraken waren de belangrijkste vragen steeds: 'Wat vond je moeilijk deze week?' en: 'Wat heb jij gegeven en wat heb jij ontvangen?' Die laatste vraag – wat Adam, Roy, Michael, Rosie en John te geven hadden – bleef de spil waarom alles draaide, te midden van alle gedoe met maaltijden, opruimen, doktersbezoeken, boodschappen, reparaties en wat al meer. Voor iedereen gold dat de waarde van het assistent zijn in de Ark bestond in de rijke geestelijke beloning die ze terugontvingen van mensen als Rosie en John. Ze leerden ontdekken dat echte zorg altijd wederzijds is. Als ze 't alleen van hun kleine salaris hadden moeten hebben, dan had het 'zorgen' zich al gauw beperkt tot 'in leven houden'. De assistenten zouden uitgekeken, uitgeput en gefrustreerd geraakt zijn. En op hun beurt zouden Adam en de anderen niet kwijt gekund hebben wat ze te geven hadden, hun roeping niet hebben kunnen vervullen, en hun menselijke mogelijkheden niet ten volle hebben kunnen benutten.

Adam en de andere kernleden brachten Goed Nieuws. Adam liet ons telkens weer voelen dat de glans van zijn verzorging minstens evenzeer bestond in wat je van hem ontving als in wat je hem gaf. Dankzij hem leerde ik beseffen dat ik hem niets mooiers kon geven dan open te staan, met hand en hart, voor de vrede die van hem uitging. In die wederkerigheid werden we allebei een beetje rijker. Ik kon hem laten ervaren dat hij iets te geven had; en als ik dat kon ontvangen was het tot een werkelijke gave geworden. Hij gaf ruimhartig, aan iedereen die hij ontmoette, en heel veel mensen werden er rijker door. Zorg en verzorging, bleef hij 'zeggen', is ontvangen en geven, bedanken en vragen, bevestiging en zelfbevestiging. Door voor Adam te zorgen stelden we hem in staat om evenzeer voor ons te zorgen. Alleen op die manier werd de relatie tussen Adam en zijn assistenten steeds meer wederkerig, was onze zorg voor hem geen last maar een voorrecht, en droeg zijn zorg voor ons vrucht in ons eigen leven.

In deze omgeving waarin mensen wederzijds zorg voor elkaar droegen leidde Adam tenslotte een openbaar leven dat zich tot buiten Daybreak uitstrekte. Soms gebeurde er echt een wondertje. Tijdens en na mijn verblijf in het 'New House' zag ik mensen ingrijpend veranderen dankzij het contact met Adam.

Ik was bevriend geraakt met Murray, een zakenman uit New York, die getrouwd was met Peggy en vader was van negen kinderen. Hij had via vrienden over mij gehoord en had meerdere boeken van mij gelezen. Op een dag belde hij me op in Daybreak. Hij had gehoord dat ik de universiteit had ingeruild voor een leven met geestelijk gehandicapten en was daar ontsteld over. Hij wilde doen wat in zijn vermogen lag om te zorgen dat ik zou blijven schrijven. Omdat hij in zaken zat en daar veel vrienden had stelde hij voor, dat hij samen met een paar anderen garant zou staan voor een jaarlijkse toelage als aanvulling op mijn eenvoudige pastor-salaris, zodat ik boeken kon blijven schrijven.

Hij zei vaak: 'Henri, van geld heb jij geen verstand, jij bent een schrijver. Laat mij jou nou helpen met geld, dan kun jij ons helpen met je boeken.' Murray was een diepgelovig man die zich zorgen maakte over zijn kinderen, ze zouden weleens zo gebiologeerd kunnen raken door geld verdienen en carrière maken, dat ze de voeling met hun geestelijke erfenis zouden verliezen. 'Jij moet mijn kinderen dicht bij God houden,' zei hij vaak.

Ik ontmoette Murray voor het eerst in New York. Niet lang daarna ontvingen Peggy en hij me in hun zomerhuis in Ierland, en kort daarop maakte ik kennis met bijna het hele gezin bij hen thuis. Ik zal nooit vergeten dat we daar zeker met twaalven aan tafel zaten, Murray aan het ene eind van de tafel en ik aan het andere eind. Nadat we gebeden hadden zei Murray: 'Nou, Henri, vertel maar eens wat aan mijn kinderen' (twintigers en dertigers!) 'en zorg dat ze weer naar de kerk gaan.' De 'kinderen', goed opgeleide mannen en vrouwen die wel uit hun woorden wisten te komen, gingen sympathiek om met hun vaders goedbedoelde poging, maar aarzelden niet om hem en mij te laten weten dat ze nauwelijks iets zagen in kerkbezoek. Er volgde een fel maar respectvol debat waaruit bleek dat er heel wat meer religiositeit rond de tafel aanwezig was dan Murray had vermoed.

Er ontstond echte vriendschap met Murray's gezin. En toen zei ik op een goede dag: 'Murray, nou wordt 't tijd dat je me op Daybreak komt opzoeken. Wil je een paar dagen bij me komen logeren?' Murray aarzelde. In zijn gedachtegang was hij er om mij aan het schrijven te houden, niet om zich te bemoeien met mijn leven met gehandicapten. Eigenlijk was hij er niet zeker van of ik mijn tijd niet aan 't verdoen was met deze 'arme mensen'. Maar na wat aandringen accepteerde hij toch de uitnodiging. Toen ik zei dat hij bij mij in het 'New House' verwacht werd en dat ons logeerkamertje in het souterrain voor hem klaarstond was hij duidelijk in verlegenheid. 'Ik denk dat ik beter een hotel kan nemen,' opperde hij. Maar ik hield vol: 'Nee, echt, je zult 't heerlijk vinden om bij ons te zijn, en dan zul je ook Adam kunnen ontmoeten.'

Daarvoor kwam Murray niet, althans zo dacht hij, om Adam te zien. Ofschoon aarzelend, ging hij toch op mijn voorstel in. Het avondeten was gezellig en druk, Murray was voorkomend maar zei weinig. Een paar dagen lang liep Murray met me mee, hij ontmoette mensen, bezocht een paar andere Daybreakhuizen, en 'observeerde' hoe ik met Adam omging. Tot mijn verwondering voelde Murray zich bij ons goed thuis. Hij was niet spraakzaam, maar wel heel aanwezig.

Op een keer zaten we samen met Adam rustig te ontbijten. Murray volgde Adam's bewegingen en keek hoe ik hem hielp met zijn lepel en met zijn glas sinaasappelsap. Toen ging de telefoon en iemand vroeg of ik naar het kantoor kon komen. Ik zei tegen Adam dat 't spijtig was dat ik zo ineens weg moest, maar dat hij in goede handen was. En tegen Murray zei ik: 'Ik moet even weg. Kun jij Adam verder met zijn ontbijt helpen – de assistenten zullen Adam daarna wel naar zijn dagprogramma brengen.' 'Goed,' zei Murray, en ik besefte niet hoe hij daar tegenop zag.

Later hoorde ik van Murray dat hij een half uur bij Adam gezeten had en hem toen was gaan zien, niet als een gehandicapte die heel anders was dan hij, maar als een mensenkind dat net als hij veel kwetsuren had. Hoewel Murray een geslaagd zakenman was had hij zijn eigen problemen en zorgen, hij wist zelf ook wat hem niet gelukt was en waarin hij gehandicapt was. Zomaar naast Adam zitten en hem helpen bij zijn ontbijt gaf Murray het besef dat ze met elkaar verwant waren, en dat voelde hij als een moment van genade. De afstand tussen hen viel weg, en Murray voelde mededogen opkomen. Adam riep verbondenheid op en gaf hem inzicht. Dat werd een volslagen nieuwe dag voor Murray. Hij vertelde me later hoe hij rondliep met de ongekend nieuwe ervaring dat hij geaccepteerd, bemind en gewaardeerd werd – niet door Adam alleen, maar door alle bewoners van het 'New House'.

Murray's bezoek aan Daybreak had veel positieve gevolgen voor hem, hij liet zijn eigen broosheid en tekortkomingen bij zich toe, en werd toegankelijker voor zijn familie en vrienden. Onze vriendschap werd erdoor versterkt. Vanaf dat moment sprak Murray met grote genegenheid over Adam en vroeg hij altijd naar hem als hij opbelde.

Vier jaar na zijn bezoek aan Daybreak kreeg Murray plotseling een hartaanval waaraan hij bezweek. Zijn dood was een groot verlies voor Peggy, zijn kinderen, familie en vrienden, en voor mij. Toen ik bij de herdenkingsdienst het woord mocht voeren herinnerde ik eraan dat Adam Murray geholpen had om zijn eigen kwetsbaarheid onder ogen te zien, en dat Adam hem zodoende had voorbereid op zijn uiteindelijke doortocht naar God.

Murray's verhaal staat niet op zichzelf. Heel veel mensen die het 'New House' bezochten, een week of een dag of maar een paar uur, werden diep geraakt door Adam's stille aanwezigheid. Sommigen vertelden dat ze na terugkeer thuis aan hem bleven denken en over hem praatten met hun vrienden. Door de ontmoeting met Adam voelden ze zich innerlijk vernieuwd, omdat ze door hem anders aankeken tegen hun leven, hun bestemming en idealen. Adam bood degenen die hij ontmoette met zijn aanwezigheid een veilige ruimte waarin ze hun eigen, vaak onzichtbare handicaps konden erkennen en aanvaarden. Hij straalde innerlijke vrede uit en dat werd als steun ervaren door mensen die een moeilijke tijd doormaakten of voor belangrijke keuzes stonden. Iedereen beleefde iets anders aan Adam: voor de een was het een gevoel van vrede, voor de ander een confrontatie met zichzelf, voor anderen de herontdekking van hun hart, en voor weer anderen betekende het helemaal niets.

Adam's levensopdracht was in die zin uniek dat hij niet leek te beseffen wat zich rond hem afspeelde, want hij had geen weet van begrippen als zorg, levensopdracht, genezing of dienstbaarheid. Hij leek geen voorstellingen te hebben, geen plannen, bedoelingen of strevingen. Hij was er gewoon en gaf zichzelf weg, en daardoor werd hij zo vruchtbaar voor zijn omgeving. Naar mijn mening kan van Adam gezegd worden wat van Jezus gezegd werd: 'Allen die Hem aanraakten werden gezond' (Marcus 6,56).

Adam onderrichtte en genas. Hij genas het innerlijk en gaf vrede, moed, blijheid en vrijheid aan mensen die vaak nauwelijks in staat waren te erkennen dat zij gewond waren. De aanwezigheid van Adam, zijn ogen vooral zeiden: 'Wees niet bang. Je hoeft niet weg te lopen bij je pijn. Als je bij me blijft en naar mij kijkt zul je ontdekken, dat je – net als ik – een geliefd kind van God bent.'

Daarom denk ik dat het niet overdreven is te zeggen, dat Daybreak de plaats was van Adam's openbare leven. Het is mijn vaste overtuiging dat Adam op deze aarde een zending te vervullen had, net als Jezus. Toen hij nog thuis woonde deelde hij in de onderlinge liefde van zijn familie, hij groeide eraan en hielp zijn ouders groeien. Dat was de opmaat. In Daybreak kon hij geven, onderrichten en genezen, en dat was van invloed op al degenen die met hem samenwoonden, op bezoek kwamen of in andere huizen van de gemeenschap woonden.

Hoofdstuk 4
Adam's voorbeeld

In de elf jaar dat Adam in het 'New House' woonde was het een komen en gaan van assistenten. Er waren er uit Canada en de Verenigde Staten, en uit Australië, Duitsland, Brazilië, Polen, Oekraïne en veel andere landen. Vaak kwamen ze voor één of twee jaar, om zich te heroriënteren in hun leven en iets 'anders' te ervaren dan thuis. Enkelen voelden zich geroepen om in de Ark te blijven, maar de meesten werden later advocaat, maatschappelijk werk(st)er, therapeut, verpleegkundige, zakenman of zakenvrouw.

Daarnaast was er veel bezoek. Het 'New House' is weliswaar een van de drukste huizen van Daybreak, maar ook een van de meest gastvrije. Je wordt er vaak 's avonds uitgenodigd om mee te eten, en zodoende kunnen veel mensen uit andere Daybreakhuizen of uit andere steden of landen iets meemaken van de moeiten en vreugden van deze woongroep. Er staan meestal bloemen en kaarsen op tafel, en er wordt met zorg gekookt en rekening gehouden met allerlei diëten. Er is een goed gesprek, en na het eten wordt er vaak gebeden, gezongen en gemusiceerd. Om de tafel zitten minstens twaalf mensen, en vaak veel meer.

Tijdens zijn verblijf in het 'New House' moet Adam honderden mensen gezien hebben. Nieuwkomers voelden zich vaak ongemakkelijk en zelfs bevreesd als ze voor het eerst de kernleden ontmoetten omdat die zo zichtbaar anders waren dan zijzelf. Maar na één uur samen rond de tafel waren de zenuwen bijna weg, en de meesten herinneren zich Adam als het rustpunt in huis. Adam liet een onuitwisbare indruk na. Later schreven ze vaak: 'Hartelijke groeten aan Adam', 'Omhels Adam van me', 'Zeg hem dat ik aan hem en jullie allemaal denk.'

Aan de tafel bij het avondeten vonden de meeste 'wonderen' van Adam plaats. Natuurlijk *deed* hij niets, hij was er alleen. Maar zijn aanwezigheid raakte mensen diep. Er waren geen onverwachte genezingen of bekeringen, maar de ontdekking dat hij, wij, en de hele wereld een nieuwe zin en betekenis kregen, een nieuw doel.

Sommige wonderen van Adam waren zo persoonlijk en raakten het hart zo diep dat er geen woorden voor zijn. Soms gebeurde het maanden of jaren na een bezoek aan Daybreak. Soms veranderde iemand er totaal door. Ik herinner me nog een vrouw die op bezoek was, die recht op Adam afliep en zei: 'Ocharm, arme jongen, waarom moest dat jou overkomen? Ik wil voor je bidden zodat Onze-Lieve-Heer je zal genezen.' En ze nodigde de assistenten uit om in een kring rond Adam te komen staan om voor hem te bidden. Maar een van hen tikte haar vriendelijk op de schouder en zei: 'Adam hoeft niet genezen te worden, hij maakt 't heel goed. Hij vindt 't fijn dat je bent komen eten. Kom, we gaan aan tafel.' Ik weet niet of deze bezoekster zich ooit door Adam zou laten raken en zou kunnen zien dat hij in zijn gebrokenheid ook een volledig en geheiligd mens was. Maar ze besefte in ieder geval die avond wel dat alle huisgenoten heel blij waren met Adam zoals hij was.

Adam's 'bestaanswijze' had sterke invloed op degenen die hem ontmoetten, en een van hen ben ik zelf. Ik wil drie voorbeelden noemen, van pater Bruno, van mijn vriendin Cathy, en van mijzelf.

Ongeveer een jaar nadat ik aangesteld was als pastor van Daybreak en mijn intrek had genomen in de 'Dayspring' – een retraite- en bezinningshuis met een kapel – arriveerde er een priester van middelbare leeftijd die een sabbatperiode kwam houden. Pater Bruno had een termijn van achttien jaar achter de rug als abt van de camaldulenzer monniken, in het klooster van Big Sur in California, en hij had behoefte aan een periode waarin hij wat afstand kon nemen van zijn communiteit. Een lange magere man met een baardje en vriendelijke ogen, vredelievend van aard, met een zachte stem, die je meestal niet hoorde want hij was stil en verlegen. Een echte monnik. Waarom kwam hij bij ons? Hij had over Daybreak gehoord en dacht dat het voor hem een goede plek zou zijn om weer een gewone monnik te worden nadat hij zo lang verantwoordelijkheid had gedragen. Hij wilde het leven van gehandicapte mensen delen, en dat deed hij, drie maanden lang, in het 'New House'. Al gauw na zijn aankomst zag ik hem vaak onderweg met Adam in de rolstoel, op het terrein en op straat. Omdat hij geen assistent was maar een langer verblijvende gast had hij veel vrije tijd en wilde hij die vooral aan Adam besteden. Ze leken blij met elkaars gezelschap.

Als ik hen samen zag dacht ik: ‘Adam kon geen beter gezelschap hebben dan deze rustige vredelievende monnik. Hun levens lijken op elkaar. Ze kennen allebei rust, eenzaamheid, stilte. Wat een genade!’

Toen Bruno eens bij mij langskwam vroeg ik: ‘Gaat ’t goed, met Adam en met jou?’ Bruno keek me aan met vreugde en verwondering in zijn ogen en zei: ‘Adam is een groot geschenk voor me. Hij leert me hoe ik een beter monnik kan zijn.’ Ik antwoordde: ‘Ik denk wel dat ik je begrijp maar kun je me dat alsjeblieft uitleggen?’

Bruno was niet een man van veel woorden. Hij had een diep gevoel en wilde daar liever over zwijgen. Toch wilde hij wel uitleggen wat hij met Adam beleefde. ‘Jarenlang heb ik spiritueel proberen te leven en anderen daarbij proberen te helpen. Ik heb altijd geweten dat ik mijzelf van binnen leeg moest maken voor God, dat ik los moet laten wat er aan gedachten, emoties, gevoelens en hartstochten in mij was die mij afhielden van de vereniging met God waarnaar ik verlangde. Toen ik Adam leerde kennen ontmoette ik iemand die door God was uitgekozen om die godsvereniging te verdiepen. De lange uren samen met Adam brengen me in een steeds grotere eenzame afzondering. In het hart van Adam is het vol van Gods liefde.’

Steeds weer moest ik aan Adam denken en aan de manier waarop hij met zijn leven aanleiding was voor Bruno's buitengewone spirituele beleving. In Adam had een abt, een vader van monniken, een gids en geestelijk leidsman gevonden.

Met het verstrijken van de jaren begon ik in Adam iemand te zien die misschien mensen kon helpen die ik niet kon helpen. Er kwamen steeds meer mensen naar Daybreak voor retraite, geestelijke begeleiding, of wat stilte en eenzaamheid in een overbezet bestaan. Soms hadden ze concrete problemen waarvoor ze perspectief, steun of genezing bij iemand hoopten te vinden. Er was een aantal mensen in onze gemeenschap die zich beschikbaar stelden voor de hulp aan al onze gasten, en we merkten tot onze verrassing steeds meer dat een paar dagen stilte en goede geestelijke begeleiding binnen een liefdevolle gemeenschap echt konden helpen.

Maar soms vroegen we ons af of mensen niet te véél verwachtten. In zo'n situatie bood Adam ons op een keer de helpende hand. Dat was met Cathy.

Op een goede dag draaide er een lange zwarte limousine met donkergekleurde ramen het terrein van Daybreak op. Wie de auto zag was verbaasd. Waarom zou iemand die in zo'n enorme auto reed ooit naar Daybreak komen?

De limousine stopte voor de 'Dayspring' en een kleine magere vrouw stapte uit. 'Ik ben Cathy,' zei ze, 'ik kom uit New York en ik heb hulp nodig want ik zit in de problemen.' Zr Sue Mosteller, de gastvrouw op 'Dayspring', en ik lieten haar binnen in huis. 'Waarmee kunnen we U helpen?' vroegen we.

'Eerlijk gezegd,' zei ze, 'ik ben geweldig depressief. Ik heb nu al jarenlang een psychiater, en die heeft me niet kunnen helpen. Integendeel, het wordt alsmaar erger. Mijn broer kende Daybreak en zei tegen me: "Waarom ga je daar niet eens heen? Misschien kunnen die mensen je helpen." En hier ben ik dan.' Ze moet zeker zeventig jaar geweest zijn. Ze had een mooi gezicht, met een twinkeling in haar ogen. Ze was tot in de puntjes gekleed en leek heel zelfbewust. Waarom zou zij nou depressief zijn?

'Kunt U ons nog wat meer vertellen?' zei Sue. 'Kunt U gebeurtenissen aanwijzen waardoor U depressief wordt?'

'O ja,' antwoordde Cathy. 'Misschien vindt U 't gek, maar elke keer als ik in de New York Times lees wie er op de lunch gevraagd zijn op het Witte Huis bij de president en de first lady, dan raak ik in een depressie omdat ik daar niet bij sta!'

Sue en ik keken elkaar aan. Dit was onbekend terrein voor ons!

'Ik vergelijk mezelf altijd met anderen,' vervolgde Cathy, 'en hoe ouder ik word hoe meer mensen me vergeten. En als ik dan zie dat mensen die nog niet half zoveel geld hebben als ik wél worden uitgenodigd, dan raak ik heel erg gedeprimeerd.'

Toen vertelde Cathy over haar leven – haar vooraanstaande huwelijk, haar kinderen, haar scheiding, haar tweede huwelijk, haar drukke sociale leven, haar verhouding tot de Kerk, haar vrijwilligerswerk en haar bekendheid. Ze vertelde er heel open en eerlijk over, en niet zonder gevoel voor humor. 'Mensen verwachten altijd geld van me. Steeds als ik iets kwijt ben beloof ik de heilige Antonius dat ik 1000 dollar aan de Kerk zal geven als ik het terugvind. Als ik naar de mis ga vraagt de pastor me tegenwoordig: "Cathy, ben je deze week nog iets kwijt geweest?"'

Geleidelijk werd er een heel ongewoon maar tragisch plaatje zichtbaar. Deze vrouw had alles wat een mens zich maar dromen kan – geld, bekendheid, relaties en veel invloed – en ze vroeg zich af of er wel íémand was die om haar gaf. Ze was rijk maar heel erg arm. Ze was zeer bekend maar twijfelde aan zichzelf. Ze was belangrijk maar ook bijna niemand.

Sue zei: 'Cathy, geloof jij dat je iemand bent die de moeite waard is, eenvoudigweg omdat jij Cathy bent?'

De tranen sprongen haar in de ogen. 'Ik weet 't niet,' zei ze, 'ik weet niet eens wie ik ben, met al die spullen om me heen. Ik weet niet wat het betekent als mensen gewoon maar van me zouden houden omdat ik Cathy ben. Zouden ze dat wel doen? Dat vraag ik me vaak af.'

Plotseling begreep ik haar depressie. Cathy had dezelfde vraag als wij allemaal: als mensen ons zouden kennen zoals we in werkelijkheid zijn, zonder al dat uiterlijke vertoon, zouden ze dan nog van ons houden? Of zouden ze ons vergeten zodra we van geen nut meer voor hen zijn? Dat is de kern van de vraag naar onze identiteit: zijn we de moeite waard omdat we iets doen of hebben, of omdat we zijn wie we zijn? Ben ik de moeite waard omdat de wereld me de moeite waard heeft gemaakt, of ben ik de moeite waard omdat ik bij God hoor al lang voordat ik bij de wereld ging horen? Er was in Cathy's lange leven zoveel gebeurd dat ze de voeling verloren had met de oorspronkelijke, ongecompliceerde, lieve persoon die ze eigenlijk was.

Hoe langer Sue en ik met haar praatten, hoe meer we beseften dat geen enkel argument voldoende was om haar te leren van zichzelf te houden. We zaten zelf ook wel een beetje verstrikt in wat Cathy vertelde. Ook wij waren onder de indruk van haar rijkdom en haar bekendheid. Zou ze van ons wel ooit haar geestelijke identiteit kunnen ontvangen? Ze zou ons kunnen gaan zien net zoals ze alle anderen zag: als mensen die van haar zouden willen profiteren. Toen ik me realiseerde hoe moeilijk Cathy uit haar sociale gevangenis te bevrijden was dacht ik ineens aan Adam. Hij was misschien de enige die haar op geen enkele manier ooit zou 'gebruiken'. Hij zou geen geld van haar vragen, hij zou haar bekendheid niet nodig hebben, en hij had geen enkele behoefte om indruk te maken.

'Cathy,' zei ik, 'je bent vanavond voor het avondeten welkom in het "New House". Bij Adam en zijn huisgenoten.' Ze keek wat verbaasd. Waarom zou ze eten met gehandicapte mensen, ze was toch voor geestelijke hulp gekomen? Die vraag kon ik in haar ogen lezen, hoewel ze beleefd zei: 'Ik ga heel graag op bezoek bij die arme mensen van jullie.' Op het allerlaatst besloot ik niet met haar mee te gaan. Ik wilde dat ze de enige gast van die avond daar in huis was.

Toen Cathy om negen uur 's avonds terugkwam van het avondeten wachtte ik haar op, wat gespannen of ik de juiste beslissing had genomen. Maar toen ze de woonkamer binnenstapte was ze ontspannen en tevreden. 'Het was echt leuk, Henri,' zei ze, 'ik voelde me heel erg thuis, ze accepteerden me en waren heel zorgzaam. Ik denk dat ze me echt aardig vonden. Eerlijk gezegd vond ik het wel een beetje eng toen je me dat voorstelde, maar ik vond 't erg leuk. Iedereen was aardig. En ik had contact met Adam, misschien omdat ik naast hem zat en hem wat kon helpen. Wat een prachtig mens is dat. Echt, het was een hele fijne avond.'

Haar manier van doen en haar ogen waren veranderd, ik kon het haast niet geloven: was dit onze depressieve gast? Ik zag dat ze een reep chocola in haar hand had. 'Nou,' zei ik, 'heb jij de reep gewonnen van John?'

'Ja. Na het eten stond John op voor een toespraakje, ik kon er niks van verstaan. Toen vroeg hij aan iedereen om een getal te noemen en te zeggen wat voor kleur kleren we aanhadden. Nadat we dat gedaan hadden keek hij op het aantekenboekje dat hij in zijn hand had en verklaarde dat ik de prijs gewonnen had. Hij liep naar me toe en gaf me de reep chocola en een zoen. Ik kon 't haast niet geloven. Maar ik voelde me er zo thuis, en die mensen kennen me niet eens!'

Wat een geluk en wat een mysterie! Een van de rijkste mensen ter wereld die dankbaar is voor een reep chocola. Adam, John, Rosie, Roy en Michael waren in staat geweest haar terug te brengen bij haarzelf, de lieve vrouw die Cathy was.

Toen Cathy terug was in New York belde ze op en zei: 'Mijn man heeft gemerkt dat er in Daybreak iets belangrijks is gebeurd voor mij. Hij wilde weten wat we bij mijn bezoek gedaan hadden. Ik heb hem verteld over het avondeten en over Adam en John en de reep chocola. Ik voel me niet meer zo verschrikkelijk depressief als daarvoor. Van binnen voel ik opnieuw wie God is en dat God van mij houdt.'

In de jaren daarna spraken Cathy en ik elkaar vaak per telefoon, en ik heb haar twee keer opgezocht. Steeds opnieuw zei ze tegen me: 'Tijdens mijn bezoek aan Daybreak is er iets fundamenteels gebeurd. Ik ben niet meer zo depressief als vroeger, ik ben meer in mezelf verankerd', en zo was het. Ze had veel gezondheidsproblemen, ze had veel pijn, maar de druk van haar depressie was minder.

Toen Cathy acht jaar later overleed werd ik door de familie gevraagd om voor te gaan in de uitvaartliturgie. 'Waarom ik?' wierp ik tegen, 'ze kende zoveel priesters.' Maar het antwoord was: 'Nee, jij moet het doen, want ze was jou en Daybreak altijd zo dankbaar.' Ik accepteerde dus de uitnodiging, en bij de begrafenis vertelde ik haar familie en vrienden dat God Cathy gezegend had, niet alleen in haar rijke gaven, maar ook in haar armoede, omdat ze bereid was geweest te ontvangen – genezing van Adam en een reep chocola van John. Ik weet niet of de aanwezigen dat konden begrijpen, maar ik wilde dat iedereen wist wat voor wonderbaarlijks een arm man gedaan had voor een arme vrouw.

En ten slotte is er mijn eigen verhaal: over de manier waarop Adam's authenticiteit me de weg wees, of – meer nog – heentrok naar een dieper niveau van zelfverwerkelijking. Ik woonde al veertien maanden op Daybreak. Ik was er gelukkig, en mijn relatie met Adam verstevigde zich met de dag. Maar er wachtte mij een hele moeilijke tijd. Daar was ik allerminst op voorbereid. Na al mijn docentenjaren was Daybreak mijn thuis geworden. Daar kon ik samen met anderen wonen, bidden, en zorgen voor 'de armen'. Ik was altijd op zoek geweest naar een plek waar ik me veilig kon voelen. Hoezeer de universiteiten waar ik lesgaf me ook een unieke kans boden om mijn gedachten te ontwikkelen over het geestelijk leven en mijn ideeën te delen met honderden studenten, ze hadden me geen thuis weten te geven. Daybreak wel. Ik voelde dat de mensen er om me gaven, me waardeerden en zorg voor me hadden, en er is geen moment van twijfel geweest of ik wel de goede keus had gemaakt door me bij de Ark aan te sluiten.

Maar er speelde zich ook iets anders af. Door zo nauw met Adam en de anderen samen te leven kwam ik ook meer in aanraking met mijn eigen kwetsbaarheid. Aanvankelijk leek het duidelijk wie er wel en wie er niet aan een handicap leed, maar door dag in dag uit samen te leven vervaagden de grenzen. Adam, Rosie en Michael konden weliswaar niet praten, maar ik praatte te veel. Adam en

Michael konden niet lopen, maar daar stond tegenover dat ikzelf rondrende alsof het leven één grote noodtoestand was. John en Roy moesten weliswaar bij van alles en nog wat geholpen worden, maar mij kon je ook voortdurend om hulp horen vragen. En als ik de moed had om onder de oppervlakte te kijken, naar mijn emotionele afhankelijkheid, mijn onvermogen om te bidden, mijn ongeduld en mijn rusteloosheid, en alles waar ik bang voor was, dan kreeg het woord 'handicap' een veel bredere betekenis. Mijn handicaps waren misschien minder zichtbaar dan die van Adam en zijn huisgenoten, maar even reëel.

De veilige, vriendelijke omgeving begon de verdedigingsmechanismen aan te tasten die ik rond mijn innerlijke handicaps had opgetrokken. In dit klimaat van liefdevolle zorg, waar competitie en individuele prestatie geen druk op mij legden leerde ik mijzelf kennen als een heel onzekere, afhankelijke en kwetsbare persoon. Vanuit dat gezichtspunt zag ik Adam als degene die sterk was. Hij was altijd aanwezig, rustig, gelijkmatig en innerlijk in evenwicht. Adam, Rosie, Michael, John en Roy bleken de vaste kern van onze gemeenschap.

Tegen het einde van 1987 moest ik vaststellen dat ik op een crisis aankoerste. Ik sliep niet goed en piekerde over een vriendschap die me aanvankelijk nieuwe vitaliteit bezorgd had maar die me zo langzamerhand dreigde te verstikken. Het was alsof de planken die lange tijd het ravijn van mijn emotionele behoeften hadden afgedekt waren weggehaald en ik in de diepte een menigte wilde dieren zag die op me aanviel. Intense gevoelens van verlatenheid, afwijzing, emotionele honger, afhankelijkheid, wanhoop spoelden over me heen. In dat kalme huis met die vredige mensen ging het razend in me tekeer.

Tegen een paar medebewoners durfde ik er iets van te zeggen, eerst terloops maar daarna open en eerlijk. Al gauw zat ik bij de psychiater. Iedereen zei hetzelfde: 'Je moet nu je eigen duivels in het gezicht zien. Het is tijd om je eigen wonden te verbinden en anderen voor jou te laten zorgen.'

Het idee was vernederend. Ik moest weg uit Daybreak om ergens anders mijn beklemmende angst onder ogen te gaan zien, in de hoop dat ik opnieuw levenskracht en vrede zou vinden. Wat had dat allemaal te betekenen? Ik wist het niet. Ik was in een gemeenschap komen wonen en had de zorg voor Adam op me genomen. Nu moest ik Adam aan anderen overlaten en accepteren dat ik zelf gehandicapt was.

Het was de diep menselijke worsteling of je nog wel geliefd bent als je niets hebt in te brengen. Ik had een prestigieuze positie aan de universiteit opgegeven, maar ik had voldoening van het leven op Daybreak en ik oogstte er zelfs bewondering mee. Men vond mij edelmoedig, ik hielp immers arme mensen. Maar nu was zelfs dat laatste niet meer het geval. Kon ik leren geloven dat ik een geliefd kind van God was, ook als ik niets had om mij op te beroemen?

In deze emotionele beproeving besefte ik beetje bij beetje dat ik net als Adam werd. Hij had niets om mee te pronken. Ik ook niet. Hij was van binnen helemaal leeg. Ik ook. Hij had vierentwintig uur per dag oppas nodig. Ik ook. Ik voelde weerstand tegen dat proces waarin ik ging lijken op Adam. Ik wilde niet afhankelijk en weerloos zijn. Niet zoveel nodig hebben. Toch besefte ik ook op de een of andere manier dat Adam's bestaanswijze, zijn radicale kwetsbaarheid, ook die van Jezus was.

In de maanden ver van Daybreak leerde ik – onder intensieve begeleiding – om te luisteren naar een innerlijke stem die zachtjes zei: 'Je bent mijn kind, ik houd van je, mijn hart gaat naar je uit.' Heel lang bleef ik die stem wantrouwen. Ik zei alsmaar tegen mezelf: 'Dat is niet waar. Ik weet hoe 't zit. Er is niets in mij dat het de moeite waard maakt om van mij te houden.' Gelukkig had ik begeleiders die me bleven stimuleren om naar die stem te luisteren en zo kon die stem sterker gaan klinken. Toen ik eenmaal die stem kon vertrouwen was ik klaar voor de terugkeer naar Daybreak om mijn leven daar te hervatten.

De gemeenschap vroeg me niet om weer in het 'New House' te gaan wonen of weer voor Adam te zorgen. Die intense periode was voorbij, anderen hadden mijn plaats ingenomen. Ze vroegen mij om pastor voor heel de Daybreakgemeenschap te worden.

Terugkijkend constateer ik dat de relatie tussen Adam en mij na mijn terugkeer anders van aard was. Veertien maanden lang was hij mijn leermeester en begeleider geweest. Hij had mij wortel laten schieten in Daybreak, hij had mij geleerd om kwetsbaar te zijn, en mij ertoe gebracht om in mijn eigen afgrond te kijken. Het was nu zover dat ik de stem van de liefde in mij gehoord had en erop had leren vertrouwen. Ik hoefde nu niet meer voortdurend aan zijn zijde te leven. We konden nu gewoon vrienden en leden van de Daybreakgemeenschap zijn, twee mensen die samen op weg zijn naar God. Zijn armoede en de mijne hadden elkaar geraakt, onze relatie was een hechte.

Ik bleef wel een speciale band houden met het 'New House'. Ik at vaak mee en kreeg dan altijd een plaatsje naast Adam. Op zijn verjaardag werd ik altijd uitgenodigd.

Behalve Bruno, Cathy en ik hebben nog veel meer mensen van Adam's rijkdom ontvangen. Jezus zei tegen Filippus: 'Wie Mij ziet ziet de Vader' (Johannes 14,9). Vergelijkenderwijs hebben wij het voorrecht gehad om een glimp van Gods aanwezigheid in Adam op te vangen. Ik geloof dat God Adam, net als Jezus, gezonden heeft om genade te brengen, genezing, nieuwe vreugde. Adam was zo 'heel', zo kalm en vreedzaam, terwijl hij zwaar ademde en zijn vingers in elkaar verstrengelde, en nooit besefte hoe bijzonder hij was.

In onze wereld waarin mensen zich angstig en eenzaam, depressief en verlaten voelen, kijken we voortdurend uit naar iemand die ons de weg kan wijzen. We hopen dat iemand – een goeroe, een geestelijk begeleider, een verwante ziel, een vriend – onze verwarring kan duiden en ons kan helpen aan innerlijke heelwording, vrijheid en vrede. Meestal zoeken we dan naar mannen en vrouwen die naam hebben, vanwege hun wijsheid of psychologisch inzicht, hun gevoeligheid voor spiritualiteit en hun levenservaring. Het probleem is misschien dat wij te veel verwachten en dat zij te veel willen geven. Dan worden wij afhankelijk, en zij dominant.

Adam was de minst dominante en meest afhankelijke begeleider die ik ooit ontmoet heb. Misschien kon ik daarom zoveel vertrouwen hechten aan het voorbeeld dat hij mij gaf. Misschien deed hij net als Jezus wonderen, omdat hij ze nooit aan zichzelf toeschreef. Hij hoefde geen geld, geen bekendheid en zelfs geen dank. Zo zonder enige macht stond hij zuiver ter beschikking van God die genezing wilde voor Bruno, Cathy en met name voor mij.

Hoofdstuk 5
Adam's lijden

Het woord 'passie' is afgeleid van het Latijnse werkwoord *patior*, 'lijden'. Het heeft te maken met het woord 'lijdend', 'passief'.

Het lijden van Jezus kwam na een actief leven. Drie jaar lang trok hij langs dorpen en steden om de Blijde Boodschap te verkondigen, mensen antwoord te geven op hun vragen, zieken te genezen, schijnheiligheid te ontmaskeren, troost te brengen in verdriet, en de doden tot leven terug te roepen. Overal trof hij grote scharen mensen die hem bewonderden, naar hem luisterden en hem om hulp vroegen. In die intensieve, bijna hectische jaren had Jezus de situatie in de hand. Hij kwam en ging en zijn leerlingen volgden hem.

Maar in Getsemane, de Hof van Olijven, was het ineens uit met die activiteit. Daar werd Jezus door een van zijn eigen leerlingen overgeleverd. Daar begon zijn lijden. Toen kon hij niets meer *doen*, alles werd hem aangedaan. Hij werd gearresteerd, gevangengezet, voor Herodes en Pilatus gebracht, gegeseld, met doornen gekroond, met een kruis beladen, van zijn kleren ontdaan, aan het kruis genageld en bespot tot hij stierf. Hij kon niets meer doen, men deed met hem: puur passief lijden.

Het is een mysterie dat Jezus zijn zending niet op actieve maar op passieve wijze voltooide, niet door iets te doen maar door iets te ondergaan, niet door zelf iets te besluiten maar door aan zich te laten gebeuren wat anderen over hem besloten hadden. Stervend op het kruis riep hij uit: 'Het is volbracht.'

Adam's hele leven stond in het teken van het ondergaan van wat anderen voor hem, aan hem, met hem en rond hem deden. Hij was volstrekt afhankelijk van wat andere mensen deden of besloten. Hij kon in zijn leven maar een paar dingen ondernemen: springen op zijn bed, de stofzuiger van de trap duwen, of zijn lepel of beker optillen – maar nooit kon hij zelf uitmaken waar hij heen zou gaan, bij wie hij wilde zijn of wat hij zou gaan doen. Adam's leven bestond uit wachten, wachten op anderen die iets namens hem zouden ondernemen.

Enkele jaren lang had hij een stabiele gezondheid maar de kernvraag was altijd: hoe kunnen we zijn epileptische aanvallen onder controle houden? Hij had elke dag toevallen, soms was hij daardoor zo uitgeput dat hij in bed moest bijkomen. De medicijnen tegen epilepsie hielpen de toevallen te beperken maar hadden bijverschijnselen. Ze verminderden zijn energie, zorgden voor constipatie, maakten hem suf en zorgden bij tijd en wijlen voor vergiftigingsverschijnselen. Als dat laatste zich voordeed moest Adam een poosje voor observatie naar het ziekenhuis zodat de artsen de medicatie opnieuw konden instellen. En wat niemand wist tot het moment van zijn dood: het aanhoudende medicijngebruik had zijn hart verzwakt.

We weten niet veel over wat hij lichamelijk of emotioneel te verstouwen had. Misschien was Adam's echte lijden wel dat hij niemand kon vertellen waar hij last van had. Toen Rex en Jeanne bijvoorbeeld zagen dat hij met zijn tanden door zijn lip gevallen was konden ze snel iets voor hem doen, maar het was moeilijker om het probleem met het gehoorapparaat of met de overdosis medicijnen te traceren. Je moest altijd gissen om de oorzaak te vinden als je zag dat hij niet in orde was.

Adam was zwak van gezondheid. Hij ademde altijd zwaar en onregelmatig. Ademen alleen al kostte hem veel energie, en dat werd met de jaren erger. Na een verkoudheid of een griepje had hij veel tijd nodig om weer op krachten te komen.

In het najaar van 1994 werd Adam erg ziek. Niemand wist precies wat er aan de hand was, maar hij werd met spoed opgenomen op een speciale afdeling van het plaatselijke ziekenhuis. Toen ik even later aankwam waren Rex en Jeanne er al, en was Ann Pavilonis, leidster van het 'New House', in gesprek met de verpleegkundigen en de artsen. 'Een dubbele longontsteking,' zei Ann toen ze terugkwam, 'ze weten niet of ze hem erdoorheen kunnen slepen.' We verzamelden ons rond Adam's bed, hij lag aan een paar monitoren en leek buiten bewustzijn.

Ann bracht aan Rex en Jeanne de vraag van de dokter over, of Adam beademd moest worden als de situatie kritiek werd. In het gesprek daarover hadden Rex en Jeanne een duidelijke mening: 'We willen dat Adam zo lang mogelijk leeft en zo min mogelijk te lijden heeft.' Beademing zou alleen moeten als het tijdelijk kon zijn, hij moest er niet de rest van zijn leven van afhankelijk zijn want, zei Jeanne, 'hij heeft al genoeg geleden'.

Maar Adam wilde nog niet dood. De volgende morgen ging 't een stuk beter, en een week later was hij weer thuis.

Toen pas besefte ik hoe zwak Adam's gezondheid was. Ik had nooit echt gedacht dat hij dood zou kunnen gaan. Hij was pas drieëndertig jaar oud, en hoewel hij medisch onder controle gehouden moest worden leek hij toch sterk genoeg om lang te kunnen leven. Maar Adam bleef zwak en hij kwam deze dubbele longontsteking niet echt te boven. Hij was dicht bij de dood geweest, zijn leven zou wel eens kort kunnen zijn. Dat was moeilijk te accepteren en daarom stonden we er niet te veel bij stil – behalve Ann, de leidster van het 'New House', die zelf verpleegkundige was. Adam was de spil in dat huis en Ann had veel zorgen om zijn aanhoudend zwakke gezondheid. De artsen zeiden dat ze daaraan niets meer konden doen, maar over zijn hart hadden ze 't niet. Het leven ging verder, en maandenlang was Adam niet in staat zijn dagprogramma mee te maken, meestal lag hij in bed of in zijn stoel in de woonkamer, het hart van het huis. Zijn ouders Rex en Jeanne kwamen wat vaker op bezoek nu hun zoon, van wie ze zo trouw hielden, in de laatste fase van zijn moeilijke leven kwam.

De assistenten in huis en van het dagprogramma waren bewonderenswaardig. Ze maakten een rooster zodat er altijd iemand bij Adam was. Dat moet niet eenvoudig geweest zijn maar ze klaagden niet dat er iets van hun vrije tijd in ging zitten. Urenlang zat er iemand bij hem, ze gaven hem te eten als hij te zwak was om dat zelf te doen, verschoonden hem, en gaven hem de hapjes die hij lekker vond. Soms waren ze ook wel eens bang omdat hij fysiek zo zwak was, vooral omdat ze de directe verantwoordelijkheid hadden voor zijn verzorging. Het waren allemaal jonge mensen, velen van hen hadden nooit te maken gehad met chronisch zieke of stervende mensen. Ze vroegen zich af: 'Stel dat hij een toeval krijgt en er niet meer uit komt? En als hij doodgaat, terwijl ik alleen in huis ben? Wat moet ik doen als hij instort terwijl ik hem in bad doe? En als er 's nachts wat gebeurt?' Daar hadden ze echt zorgen over, ook al leken die meer henzelf dan Adam te betreffen. Maar ze hadden zelfvertrouwen nodig om Adam te kunnen helpen. In de maanden daarna trad er maar heel weinig verbetering op, en we wenden eraan dat hij een precaire gezondheid had.

Met Kerstmis was het gezin van Rex en Jeanne altijd samen thuis. Daar hadden ze door de jaren heen een traditie in opgebouwd. Op kerstavond versierden ze de boom, er was warme appelcider, en Michael keek naar de prachtig ingepakte cadeautjes onder de kerstboom. Op eerste kerstdag waren twee dingen van belang: de cadeautjes en het avondeten.

Dat jaar was Adam te zwak om met Kerstmis naar huis te gaan. Daarom kwamen Michael en zijn ouders na het kerstdiner naar Adam toe en bleven tweede kerstdag bij hem in het 'New House'. Dat was noch voor Adam noch voor zijn familie gemakkelijk, Adam was zichtbaar van slag, hij was moe en ademde zwaar. Deze Kerstmis was anders dan anders.

Met Kerstmis het jaar daarop, in 1995, was Adam net terug uit het ziekenhuis, opnieuw vanwege een longontsteking, en opnieuw was hij te zwak om naar huis te gaan. Jeanne en Rex brachten de eerste kerstdag samen met Michael en Adam, in het 'New House' door. Jeanne bracht alles mee behalve de kerstkalkoen – die was klaargemaakt door John David, Adam's assistent. Alle anderen verlieten het huis, zodat de familie Arnett samen kon zijn voor het kerstdiner. Voor de vijfendertig andere bewoners van Daybreak werd het kerstdiner verzorgd in de grote gemeenschapszaal op het terrein. Jeanne weet nog dat het dit keer met Kerstmis beter ging dan het jaar daarvoor. Toch vond ze Adam zo zwak dat ze hem in zijn stoel wilde laten en hem daar het eten wilde voeren. Maar Rex dacht dat hij misschien wel graag aan tafel zou willen zitten. En dat was ook zo. Adam kon zelfs zelf eten en genoot ervan – net als vroeger.

Wat we ook deden, we konden Adam's lijden niet minder maken. Hij was volledig en voor alles van anderen afhankelijk. Daar scheen hij mee verzoend te zijn, hij gaf zich over in de handen van anderen, licht en vrede uitstralend zo zwak als hij was. Als ik eraan terugdenk besef ik dat we geen van allen onder ogen wilden zien, dat hij het einde van zijn leven naderde.

Het leven en lijden van Adam hadden mijns inziens een profetisch karakter. Het stelde ons onder kritiek voor zover we ons lieten leiden door de normen van een samenleving die drijft op individualisme, materialisme en opwinding. Adam was tot zo weinig in staat dat hij zich alleen ontplooien kon als wij een kring van liefde rond hem vormden. Hij zei eigenlijk: 'Ik kan alleen bestaan als jullie van mij en van elkaar houden. Anders is mijn leven nergens goed voor en ben ik alleen maar tot last.' Van Adam moesten we erop vertrouwen dat we onze roeping als mensen waarmaken als we meeleven, en niet wedijveren met anderen. Alle vooronderstellingen die ons individuele en doenerige leven bepaalden moesten we opnieuw onder de loep nemen.

Uiteindelijk is 't zo dat we een groot deel, zo niet het grootste deel van ons leven 'passief' zijn. Hoe zelfstandig en onafhankelijk we ook willen zijn, tijdenlang zijn we afhankelijk van wat anderen voor ons beslissen. Niet alleen als we jong en onervaren of oud en hulpbehoevend zijn, maar ook als we sterk en vol zelfvertrouwen zijn. Een belangrijk deel van ons welslagen, onze welvaart, gezondheid en relaties komt tot stand onder invloed van gebeurtenissen en omstandigheden waar we weinig of geen greep op hebben. We houden graag zo lang mogelijk de schijn op dat wij zelf aan zet zijn, maar uiteindelijk wordt de koers van ons leven bepaald door wat we ondergaan. We hebben mensen nodig die ons met hun liefde en zorg ondersteunen in al wat we moeten ondergaan om onze levensopdracht te volbrengen. Daarin ligt de tekenwaarde van Adam's lijden: het roept op radicale wijze op om ons leven te aanvaarden zoals het is, en – steeds kalm en genereus – liefde te geven als we sterk zijn en liefde van anderen te ontvangen als we zwak zijn.

Hoofdstuk 6
Adam's dood

In september 1995, een paar maanden na Adam's eerste longontsteking, verliet ik Daybreak voor een sabbatperiode. Het jaar was vol geweest met feestelijke herdenkingen van het 25-jarig bestaan van de Arkgemeenschap. Ik wilde er even tussenuit, tijd hebben voor innerlijke vernieuwing en tijd om te schrijven.

Ik kon Daybreak niet makkelijk loslaten, zo verweven was ik geraakt met het dagelijks leven van de kernleden en hun assistenten. Negen jaar terug was ik in het 'New House' komen wonen en had ik Adam leren kennen. Ik moest nu wat afstand nemen van deze pastorale jaren en na gaan denken over het deel van mijn leven dat nog restte.

Rond Kerstmis bracht ik een paar weken met mijn drieënnegentig jaar oude vader door in Europa. Daar hoorde ik van Ann Pavilonis dat Adam het niet goed maakte. Hij had niet naar huis kunnen gaan met Kerstmis en ook de vieringen in de gemeenschap niet mee kunnen maken. Hij had eerste kerstdag met zijn familie doorgebracht in het 'New House'. Hij was te zwak voor zijn dagprogramma. Ann, die zelf verpleegkundige is, zei me: 'De artsen hebben geconstateerd dat hij een vergroot hart heeft en ze denken dat hij niet lang meer te leven heeft. Hij is zo zwakjes. We houden ons hart vast voor de komende dagen, misschien overleeft hij 't niet. Bid maar voor ons, dat we er goed doorheen komen.'

De daaropvolgende weken waren heel zwaar voor Adam, voor zijn ouders, en voor iedereen in het 'New House'. Adam moest vaak naar het ziekenhuis, twee keer zelfs een hele week. Zijn twee huisgenoten Rosie en Michael, die geen van beiden konden spreken, waren een en al solidariteit en medeleven met Adam. Tien jaar woonden ze al samen, ze waren sterk met elkaar verbonden. Roy en John die schrik lijken te hebben voor alles wat met doodgaan te maken heeft wilden met geen woord over Adam praten, maar ook zij wisten dat het slechter met hem ging en ze volgden aandachtig alles wat er rond hem gezegd en gedaan werd. De assistenten die met Adam verbonden waren wilden thuis voor hem zorgen, maar zijn situatie was zo precair dat ze aanvoelden dat het niet de goede kant opging.

Begin februari 1996 werd Adam in kritische toestand opgenomen in het ziekenhuis. De artsen zeiden tegen Jeanne, Rex en Ann dat zijn hart versleten was en de hartspieren niet meer functioneerden. Behalve een harttransplantatie was er niets dat hem zou kunnen redden. Dat was schokkend nieuws voor Adam's ouders. De artsen hadden hen nooit verteld dat Adam een slecht hart had, en ze waren dus ook niet voorbereid op de ernst van de situatie en op een spoedig overlijden. Rex heeft nog ernstig gedacht over een harttransplantatie maar realiseerde zich dat Adam's leven daar niet kwalitatief beter van zou worden. Toen hij dat laatste strohalmpje had losgelaten moest hij de realiteit onder ogen zien. Jeanne en hij brachten hun tijd grotendeels door in het ziekenhuis. Adam lag zwaar te ademen, hij hield soms ogenblikken lang op met ademen en begon dan toch weer. Zijn ouders riepen hem steeds weer naar het leven terug, moedigden hem aan. Adam luisterde naar hen en deed zijn best om aan die liefdevolle roep van het leven te beantwoorden. Assistenten waakten 's nachts bij beurten bij hem zodat hij nooit alleen was.

Vroeg in de morgen van maandag 12 februari constateerde Ann dat er op Adam's monitoren alleen nog maar vlakke lijnen te zien waren. Toen de dokter kwam was er geen hartslag meer te beluisteren en hij draaide de monitor uit: Adam had een hartstilstand gekregen en was dood, zei hij. De verpleegkundige liet voordat ze wegging het bed naar beneden, zodat Ann alleen kon zijn met het lichaam van Adam. Later vertelde Ann: 'Zo gauw ze weg waren liet ik het bed weer omhoog en ik begon tegen Adam te praten. Ik zal niet vertellen in welke bewoordingen, want dat was niet mis, maar in de kern kwam het erop neer dat ik hem onomwonden vertelde dat zijn ouders er nog niet waren en dat hij gewoon niet dood kon gaan voordat zij kwamen! Ik wist dat ze onderweg waren. Ik ramde op zijn borst en praatte heel hard, hij moest naar me luisteren! Na een paar minuten begon Adam weer te ademen! Ik zei: "Natuurlijk, je mag zo meteen gaan. Maar je kunt niet gaan voordat je ouders bij je zijn en afscheid van je genomen hebben!" Ik riep de verpleegkundige, ze kon haar ogen niet geloven en riep de dokter. Hij zei dat ik echt geen hoop moest hebben dat Adam nog verder zou leven en dat ik hem moest laten gaan, maar ik zei dat Adam moest blijven leven tot zijn ouders kwamen. Verbaasd zei de dokter: "Bent U zijn moeder dan niet?" "Nee," zei ik "maar zijn ouders komen eraan." Hoofdschuddend liep de dokter weg en zei dat hij later nog terug zou komen.' Toen Jeanne en Rex arriveerden ademde Adam weer als tevoren.

Intussen was iedereen op Daybreak op de hoogte van de naderende dood van Adam. Al degenen die samen met hem het dagprogramma volgden werden naar de ontmoetingsruimte gebracht, om van daaruit naar het ziekenhuis te gaan en in groepjes afscheid van Adam te nemen. In het dagprogramma zitten allemaal mensen met ernstige handicaps, en de assistenten bespraken met elkaar wie er als eerste groep met de rolstoelbestelwagen mee zouden gaan en wie er moesten wachten tot elf uur. Ze besloten dat Tracy en Michael eerst zouden gaan en begonnen hun jassen en rolstoelen bij elkaar te rapen. Daarbij hadden ze niet door dat Rosie, die voor een volgende groep gepland was, al naar buiten gedribbeld was en, met haar jas half aan, haar rolstoel voor de ingang van de ontmoetingsruimte gereden had.

Rosie kon, net als Adam, niet praten. Ze leerde lopen toen ze vijfentwintig was, nadat ze jarenlang in een verpleegtehuis in bed gelegen had. Rosie houdt altijd afstand van mensen, en schreeuwt af en toe zonder aanwijsbare reden.

Toen Tracy en Michael klaar waren voor vertrek zat Rosie daar in haar rolstoel in de deuropening en versperde de doorgang. Zachtjes haalde Kathy haar eruit en zei dat ze nog even, tot elf uur, moest wachten. Ze bracht haar terug in de zaal, en ook haar rolstoel. Terwijl ze naar buiten liep ging de telefoon, ze nam op en kwam na twee minuten weer terug, en wie zat daar in haar rolstoel en versperde de deuropening? Rosie!

Kathy vroeg: 'Probeer je ons eigenlijk iets te zeggen, Rosie?' Na even wachten hielp Kathy haar terug de zaal in, Rosie hield zich stevig vast aan haar rolstoel. 'Misschien kun je nu wel mee, Rosie, maar in het ziekenhuis mag je niet schreeuwen. Adam is heel erg ziek, en we gaan afscheid van hem nemen. Als jij gaat schreeuwen, dan zullen ze ons allemaal wegsturen en dan mogen de anderen niet meer komen. Wat denk je ervan?' Rosie bleef stokstijf in haar stoel zitten. Alsof ze zei: 'Ik wil er nu heen.'

De verpleegkundigen en ook de familie hadden zo hun twijfels over al die mensen die Adam's kamer zouden binnenkomen om afscheid te nemen, maar ze hadden toegegeven omdat het hen goed zou doen. Rosie, stevig geïnstrueerd om zich stil te houden, werd de kamer binnengereden en naast Adam's bed gezet. Helemaal stil keek ze Adam recht in de ogen. Het leek of hij terugkeek. Ze stak haar hand uit en pakte de zijne vast, iets wat niemand haar ooit had zien doen, en bijna twee minuten lang hield ze zijn hand vast en keek hem in de ogen. Zachtjes legde ze zijn hand terug op het bed en leunde achterover in haar stoel, klaar om te vertrekken. Rosie en Adam hadden afscheid van elkaar genomen. Rosie kon gaan.

Die ochtend werd ik gebeld door Kathy Christie, mijn secretaresse op Daybreak, met de mededeling dat Adam erg achteruitging en dat er dit keer weinig hoop was dat hij het zou overleven. Een paar uur later zat ik in het vliegtuig terug naar Toronto.

Toen ik de ziekenkamer binnenkwam was ik diep getroffen, daar lag mijn vriend Adam, duidelijk bezig met zijn laatste uren bij ons. Ik kuste hem op het voorhoofd en aaide door zijn haar. Hoewel zijn ogen open waren was ik er niet zeker van of hij me herkende. De begroeting van Rex, Jeanne en Ann was verdrietig. Ze hadden de afgelopen maanden zoveel meegemaakt, en tot voor kort hadden ze nog hoop gehad dat Adam 't zou redden. Maar nu wisten ze dat zijn dood nabij was.

Jeanne was in tranen toen ze me bedankte voor mijn komst. 'Je bent zo dicht bij Adam geweest. Ik denk dat hij doodgaat, we moeten hem loslaten. Hij heeft lang genoeg geleden... veel te lang al.'

Even na mij kwam ook Adam's broer Michael, samen met een van de assistenten, om hem op te zoeken. Hij liep recht op Adam's bed af terwijl hij in zichzelf en tegen God zei: ' Ik... wil... dat je mijn broer helpt. Alsjeblieft, help mijn broer, dat hij weer kan lopen.' Vol verdriet keek hij naar zijn ouders, en zijn vader sloeg een arm om hem heen. Even later zag Michael mij staan, vloog op me af, omhelsde me, zijn hoofd tegen mijn borst, en huilde. Ik hield zijn snikkende lichaam lang in mijn armen en liep toen met hem naar Adam. Iedereen kwam rond het bed staan, en terwijl Michael het busje met heilige olie vasthield zalfde ik Adam's voorhoofd en zijn handen, en bad dat God hem de innerlijke kracht zou geven die hij nodig had voor zijn laatste tocht.

'Mijn, mijn, mijn broer... gaat... naar de hemel,' zei Michael door zijn tranen heen. 'Ik heb verdriet... pastor, ik heb verdriet.' Ik sloeg weer mijn arm om hem heen en samen huilden we. Het was hartverscheurend om te zien hoe Michael's verdriet oversloeg op zijn ouders, er vloeiden veel tranen terwijl we rond Adam's bed stonden. Na een uurtje nam Michael, gesteund door zijn vader, afscheid van zijn broer en ging naar huis.

Het was inmiddels zes uur 's avonds, maar Jeanne en Rex bleven al Adam's ademhalingen achter het zuurstofmasker volgen en ondersteunen. Van tijd tot tijd bevochtigden ze zijn lippen met een sponsje. 'Hij geeft het niet gemakkelijk op,' zei ik, 'hij is een vechtersbaas.' Ann Pavilonis zei: 'Ik weet zeker dat hij op Rex, Jeanne en jou heeft willen wachten. Maar nu jullie er zijn en hem gezien hebben moeten jullie hem loslaten.' Natuurlijk luisterden we niet! Zijn ouders bleven hem aanmoedigen: 'Ademen, Adam! Kom, het gaat best. Ademen!' Uiteindelijk nam Ann hen een voor een terzijde en hielp hen om Adam niet meer naar het leven terug te roepen. 'Geef hem de zegen en zeg hem dat hij mag gaan,' zei ze. Aarzelend kwamen ze terug naar Adam en zeiden dat hij nu weg mocht gaan. Ik zat op het bed, streek Adam over hoofd en haren, en hield af en toe zijn gezicht tussen mijn handen.

De hele avond kwamen leden van de Daybreak-gemeenschap vanuit de wachtkamer om de beurt even de ziekenkamer binnen om afscheid van Adam te nemen en even met ons te praten. Tussendoor kwamen we telkens rond Adam's bed samen, hielden elkaar bij de hand en baden voor hem, zijn ouders, zijn familie en vrienden. We smeekten God om vrede in onszelf en om de vrijheid om Adam naar huis te laten terugkeren als zijn tijd gekomen was.

Later die avond ontkoppelde de verpleegkundige de monitoren en haalde Ann het zuurstofmasker weg, zodat Adam geen last meer zou hebben van onnodige apparaten. Hij was nu dicht bij de dood, en het enige wat we konden doen was het hem zo gemakkelijk mogelijk maken. Toen werd het ademen een zware opgave. Hij leek geen pijn te hebben maar iedere ademhaling was een geweldige inspanning. Jeanne was bijna trots toen ze zei: 'Hij heeft zo'n zwak hart, hoe krijgt hij 't voor elkaar. Hij geeft 't beslist niet makkelijk op. Hij is zo sterk.' Rex knielde naast het bed en hield Adam's hand vast. Jeanne stond aan de andere kant en legde haar handen op zijn lichaam.

Tegen middernacht leek het erop of Adam de nacht wel zou doorkomen, en ik begon doodmoe te raken. Ann zei: 'Ga jij maar naar huis en slaap wat. Rex, Jeanne en ik blijven hier, en we zullen je bellen als Adam doodgaat.'

Ik was nog maar nauwelijks in slaap gevallen of Ann belde me, om één uur 's nachts, met de mededeling dat Adam was gestorven. Onmiddellijk schoten me Jezus' woorden te binnen: 'Het is volbracht.' Adam's leven – en zijn zending – waren voltooid.

Een kwartier later was ik weer in het ziekenhuis. Adam lag daar, heel stil en vredig. Geen gevecht meer om nóg een ademhaling, geen verstrengelen van zijn vingers meer en niet meer dat rusteloze bewegen van zijn lichaam. Rex, Jeanne en Ann zaten op het bed dicht bij Adam's lichaam. Iedereen huilde, van verdriet en van opluchting. Met z'n vieren, hand in hand, en kijkend naar Adam's kalme gelaatsuitdrukking, dankten we God voor zijn vierendertig levensjaren en voor alles wat hij ons gegeven had, lichamelijk zo zwak maar geestelijk zo ongelofelijk sterk.

Ik kon mijn ogen niet van Adam's gezicht afhouden. Er gingen allerlei gedachten door mij heen. Hier lag de man die mij meer dan wie ook teruggebracht had bij mijzelf, bij mijn leefgemeenschap, en bij God. Ik had de zorg voor hem gekregen, maar hij was degene geweest die mij onvoorstelbaar diep had toegelaten in zijn leven en zijn hart. In mijn eerste jaar op Daybreak had ik voor hem gezorgd en was ik veel om hem gaan geven, maar hij was op zijn beurt zo'n onvoorstelbaar geschenk voor mij geweest. Daar lag degene die mij leiding en advies en inzicht had gegeven. Die nooit een woord tegen me had kunnen zeggen, maar die mij meer geleerd had dan welk boek, welke hoogleraar of welke geestelijk begeleider ook. Hier lag de Adam met wie ik bevriend was geraakt, een mens zo kwetsbaar als ik er nooit een gekend had, weerloos en tegelijk zo vol kracht. Nu is hij dood. Zijn leven is voorbij. Zijn opdracht is vervuld. Hij is teruggekeerd naar waar hij vandaan kwam, naar het hart van God.

Ik voelde een diepe droefenis, maar ook een grote vreugde. Ik had een levenskameraad verloren en een beschermengel teruggekregen voor de rest van mijn leven. Ik bad: 'Mogen de engelen Adam nu geleiden naar het paradijs en hem verwelkomen in Gods liefdevolle omarming, daar waar hij thuis is.'

De dood is zo'n groot mysterie. Daardoor moeten we onszelf afvragen: 'Waarom leef ik? Hoe leef ik, en voor wie? Ben ik er zelf klaar voor, om dood te gaan... nu... later?' Het was alsof Adam die vragen in mij losmaakte, alsof hij zei: 'Niet bang zijn, Henri. Mijn dood kan je helpen om vertrouwd te worden met je eigen dood. Als je niet bang meer bent voor je eigen dood, dan kun je vrij en met vreugde ja zeggen op je leven.'

Het was een voorrecht om samen met Rex, Jeanne en Ann dit gewijde moment van zijn heengaan te beleven. Ik voelde me als Johannes, Jezus' geliefde leerling, die met Maria onder het kruis stond. Ik heb geen eigen kinderen, maar Adam was als een zoon voor me geworden. Hij was ook als een vader voor me geworden. Hier, bij zijn verstilde lichaam wist ik dat God mij niet alleen had gelaten, niet kinderloos en niet zonder thuis.

Toen Jezus stierf zei hij tegen Maria, met een blik op zijn geliefde leerling: 'Moeder, ziehier je zoon', en tegen Johannes: 'Ziedaar je moeder', en daarmee schiep hij nieuwe banden. Ook Adam schiep, op dat ogenblik en in de dagen daarna, nieuwe banden tussen zijn familie, leden van Daybreak uit heden en verleden, en vrienden.

Om ongeveer drie uur 's nachts kwam de dokter. Rex en Jeanne beseften dat het eerste moment van afscheid daar was. 'Weest U voorzichtig met zijn lichaam alstublieft, dokter,' zei Rex. Dat was wat hij zelf vierendertig jaar lang gedaan had.

Bij het verlaten van het ziekenhuis stonden Rex en Jeanne erop me thuis te brengen. Het was heel erg koud. Alles was bewegingloos bedekt met sneeuw na de zevende sneeuwstorm in die strenge winter. Een kwartier later zetten ze me af bij mijn huis, de 'Dayspring'. Terwijl ik hen uitzwaaide bedacht ik wat er in hen om moest gaan. Een man en een vrouw, 's nachts in de auto, rouwend om het verlies van hun zoon aan wie ze al hun liefde en zorg hadden gegeven. Ik kon hun beklemmende verdriet nauwelijks navoelen. Maar ik was er ook van overtuigd dat Adam dicht bij hen was en hen beschermde. Hij zou hen niet alleen laten in hun verdriet.

Hoofdstuk 7
Dodenwake en begrafenis van Adam

Toen ik de volgende ochtend wakker werd bedacht ik dat ik wat extra aandacht moest besteden aan Adam's broer Michael. Mary Bastedo, die verantwoordelijk is voor het huis waar Michael woont, stelde voor dat ik ergens een glas cola met hem zou gaan drinken. 'Hij wil nu graag even bij je zijn,' zei ze. En zo reden Michael en ik naar een café in Richmond Hill en dronken een coca cola en een kop koffie. We praatten over onszelf en over Adam. Ik zei: 'Michael, het is fijn dat we vrienden zijn.' Op zijn eigen karakteristieke wijze omknelde Michael de armleuning van zijn stoel, kwam wat dichter bij me zitten, glimlachte en zei: 'Ja... pastor... ik ben... Uw... vriend.'

Ik zei: 'Adam, je broer, is er niet meer, hij is nu bij God. Straks gaan we naar het uitvaartcentrum en dan zul je zijn lichaam zien. En morgen zullen we zijn lichaam op het kerkhof begraven.' Michael keek me met tranen in de ogen aan en zei: 'Ik vind dat niet fijn, pastor. Ik vind... dat in de grond... niet fijn', en hij wees naar beneden. 'Ik vind het ook niet fijn, Michael,' zei ik. 'Maar ik hoop dat God Adam een nieuw lichaam gaat geven, zodat hij kan rondlopen in de hemel, en kan praten met opa en oma en met zijn oom, die zijn allemaal al daar.'

Michael had echt veel verdriet. Maar gelukkig kon hij soms even afgeleid worden. Een van de dingen waarmee ik hem kon afleiden was een ritje in mijn auto, met de radio aan. Ik voelde aan dat Michael het zou redden. Hij is iemand die kan bidden, zijn geloof zou hem helpen in de dagen die volgden.

Die middag zag ik in het uitvaartcentrum Adam in zijn kist liggen, en ik was verbaasd. Hij zag er zo jong uit, als een achttienjarige die net in slaap gevallen was. Zijn gezicht had een vriendelijke uitstraling, zijn huid was zacht en glad, zijn haar netjes gekamd, en hij had een mooi overhemd en een zachtgele wollen trui aan. Ik was ontroerd door zijn jeugdige schoonheid. Het was voor het eerst dat ik zag dat zijn mond dicht was en dat hij heel stil lag. Ik kon nauwelijks geloven dat deze man me zoveel gegeven had en toch nooit met een woord tegen me gesproken had, dat hij nooit had kunnen rondrennen in de tuin of met een bal spelen, naar school gaan of boeken lezen. Het enige wat hij fijn vond was een beetje rondhangen bij zijn vrienden. Nu zag hij er zo gezond uit, zo heel en mooi dat ik mijn ogen niet van hem af kon houden. Het was alsof hij me al even zicht gaf op zijn verrezen lichaam.

Jeanne wist niet goed of ze de kist open moest laten. 'Adam is nu dood,' dacht ze. 'Waarom moeten mensen de herinnering overhouden aan zijn dode lichaam?' Ik vroeg haar toch te overwegen om de kist nog even open te laten, zodat iedereen die hem zien wilde voor de begrafenis daar nog de gelegenheid voor had. Bij het zien van haar zoon, zo vriendelijk, zo mooi en vredig zag ze in hoe goed het voor ons was om nog even naar hem te kijken, door zijn haar te strijken en een kus te geven op zijn voorhoofd.

's Middags en 's avonds kwamen de meeste leden van Daybreak nog een keer bij Adam langs. In het uitvaartcentrum was de grote ontvangstruimte vol met mensen. De assistenten die maanden- en soms jarenlang met Adam in huis gewoond hadden – Ann, John David, Leszek, Jody en Claudia – waren uiterst verdrietig toen ze zich realiseerden dat Adam er niet meer was. Ze konden zich moeilijk een leven voorstellen in huis zonder hem.

Adam's vrienden en huisgenoten kwamen langs. John kwam, hoe bang hij altijd ook is van ziekenhuizen, uitvaartcentra, kerken en kerkhoven, omdat ze hem allemaal herinneren aan de dood van zijn moeder. John had vanaf de komst van Adam op Daybreak met hem samengewoond, en was altijd lief voor hem geweest. Hij herhaalde alsmaar de zinnen die hij het beste kende: 'Henri, ben je thuis vanavond?' Hij verlangde nabijheid en contact, maar doordat het leven hem zo verminkt had kon hij niet vertellen waarom hij zo angstig was.

En Rosie kwam. Rosie was in hetzelfde jaar als Adam naar Daybreak gekomen. Hoewel ze zwaar gehandicapt is en ze voor buitenstaanders in een ondoordringbare eigen wereld lijkt te leven, konden degenen die nauw met haar optrokken wel merken hoe diep ze geraakt was door Adam's ziekte en overlijden. Omdat ze al afscheid genomen had van Adam scharrelde ze wat rond door de zaal, ging af en toe met een assistent even naar Adam kijken, en zat dan weer een tijdje buiten het gewoel op de grond. Als ze blij of verdrietig is uit ze dat meestal met een hard en doordringend geluid, maar nu was ze doorgaans rustig en geconcentreerd terwijl ze naar hem keek, ze voelde een diep verdriet om zijn heengaan.

Ook Michael (niet Adam's broer) kwam, in zijn rolstoel. Zijn hersenverlamming en zijn geestelijke handicap zijn zo ernstig, dat hij maar heel moeizaam kan laten weten wat er in hem omgaat. Ook nu, kijkend naar Adam's onbeweeglijke lichaam, kon Michael zich niet uitdrukken, maar iedereen die erbij stond voelde zich emotioneel sterk aangesproken bij die ontmoeting. Pas de dag daarna bij de begrafenis schreeuwde hij het eenmaal angstig uit.

Roy, de andere huisgenoot van Adam, kon de confrontatie met de dood niet aan. Hij wilde niet naar het uitvaartcentrum, het zou hem te veel van slag brengen. Maar in huis zei hij voortdurend: 'Hoe is het met Adam? Hoe is het met Adam?' Hij probeerde bij al zijn verdriet de moed erin te houden. Maar diep in zijn hart leed hij eronder, en uitbarstingen van frustratie en woede kon hij niet beheersen. Hij was erg gesteld op Adam en praatte altijd met warmte over hem. De twee mannen waren echt met elkaar in contact. Na de begrafenis gingen Ann en Roy een keer samen naar het graf, en Roy leek zich daarna beter te voelen.

De ruimte waar Adam lag opgebaard was vol mensen, niet alleen leden van Daybreak en familieleden, maar ook vrienden van vroeger en van ver weg. Greg en zijn vrouw Eileen kwamen over uit Chicago, ze hadden elkaar ontmoet in het 'New House' en ze hadden er samengewoond met Adam. Steve kwam per vliegtuig over uit Seattle, hij was vertrouwd geworden met Adam als assistent in het huis en in Adam's dagprogramma. En Peter kwam overvliegen uit Nova Scotia voor de avondwake en de begrafenis, hij had Adam twee jaar begeleid als hoofd van het 'New House'.

Tijdens de bezoekuren maakten we telkens even een grote kring rond de baar om te bidden en elkaar dingen te vertellen. Ik las Psalm 27 voor, het konden de woorden van Adam zijn. Nadat we gebeden hadden bleven we in de kring staan en vertelden we verhalen over Adam, over wat we hoopten en over wat er gebeurd was. Afwisselend waren er verdriet en vreugde, tranen en een glimlach rondom Adam, we hadden het gevoel een onherstelbaar verlies te hebben geleden, maar ook dat er iets bijzonders voor teruggekomen was. Alsof Adam tegen ons zei wat Jezus had gezegd tegen de treurende leerlingen: 'Moest de Messias dat alles niet lijden om in zijn glorie binnen te gaan?' (Lucas 24,26).

Er waren nog andere woorden van Jezus die ons hoop gaven in dit ogenblik: 'Als de graankorrel niet in de aarde valt en sterft, blijft hij alleen; maar als hij sterft, brengt hij veel vrucht voort. Wie zijn leven bemint, verliest het; maar wie zijn leven in deze wereld haat, zal het ten eeuwigen leven bewaren'

(Johannes 12, 24-25). Terwijl we rond Adam's dode lichaam stonden waren Jezus' woorden over zichzelf ook een verwijzing naar het mysterie van Adam's leven. Zijn leven was vruchtbaar geweest, evenals zijn dood dat nu was.

Op donderdag 15 februari 1996 verzamelden zich een paar honderd mensen in de parochiekerk van Richmond Hill voor de viering rond Adam's leven en zijn dood. Toen zijn lichaam de kerk werd binnengedragen en iedereen opstond om hem te verwelkomen was ik onder de indruk van het feit, dat al die mannen en vrouwen zich betrokken voelden bij deze heel kwetsbare, bijzondere jonge man. Geen briljant kunstenaar, geen beroemd musicus, geen groot religieus leider, geen geslaagd politicus. Nee, hier was Adam, niet met woorden maar met het voorbeeld van zijn leven; Adam die nooit op reis hoefde, nooit lezingen hoefde te geven of boeken te schrijven om de vrede uit te dragen. Dit was Adam die nooit een cent had hoeven verdienen, omdat hij een zorgzame gemeenschap rond zich had weten te vormen; Adam was degene voor wie wij nu met tranen in de ogen opstonden en die wij liefhadden.

Terwijl acht vrienden van Adam de baar naar het altaar voorin begeleidden zongen we:

Zalig de armen van geest
want aan hen behoort het rijk der hemelen.
Zalig de treurenden
want zij zullen getroost worden.

We luisterden naar de woorden van Paulus: 'Wat voor de wereld dwaas is, heeft God uitverkoren, om het sterke te beschamen' (1Kor 1, 27). En we luisterden naar Jezus: 'Zalig de zachtmoedigen, want zij zullen het land bezitten' (Matteüs 5,5). En we beseften dat die woorden op Adam van toepassing waren.

Aan het altaar, vlak voor Adam's dode lichaam, hief ik de hostie op en herhaalde Jezus' woorden: 'Neemt en eet, dit is mijn lichaam dat voor U gegeven wordt.' En ik besefte op volstrekt nieuwe wijze dat God voor ons tastbaar geworden is zodat wij God in het lichaam kunnen aanraken en genezen kunnen worden. Gods lichaam was samengevallen met het lichaam van Adam, want Jezus zegt duidelijk: 'Al wat gij gedaan hebt voor een dezer geringsten van mijn broeders hebt gij voor Mij gedaan' (Matteüs 25,40). In Adam raakten we in feite Christus aan die als mens onder ons aanwezig is.

Iedereen kwam naar voren om het lichaam van Christus te ontvangen, en na de communie kwam iedereen nog een keer naar voren om een hand ten afscheid te leggen op de houten kist waarin Adam lag. Terwijl we dat deden zongen we de oude Ierse zegenwens:

> Dat elke ontmoeting met jou een hoogtepunt
> mag zijn,
> Dat je altijd de wind in de rug hebt,
> Dat de zon warm op je gezicht mag schijnen,
> Dat de regen zacht valt op de velden,
> Dat je in de palm van Gods hand mag zijn
> tot het ogenblik dat we elkaar weerzien.

Daarna begeleidden dezelfde mensen die Adam's lichaam de kerk binnengedragen hadden hem de kerk uit, terwijl we zongen:

> God zal je op adelaarsvleugels omhoogvoeren,
> je dragen op de adem van de dageraad,
> je laten stralen als de zon
> en je houden in de palm van Gods hand.

Michael en ik zaten in de voorste auto van de rouwstoet naar het kerkhof. Vlak na de viering had Jeanne tegen me gezegd: 'Michael heeft zoveel verdriet. Ik weet niet of het wel goed is als hij meegaat naar het kerkhof.' Maar ik dacht dat Michael liever bij zijn familie en vrienden wilde blijven, en dat hij zijn verdriet het beste tot het einde toe kon doormaken. Ik zei tegen hem: 'Kom je bij mij in de voorste auto?' En Michael antwoordde meteen: 'Ja, pastor, ik ga... met U mee... in de auto.'

Op het kerkhof droegen ze Adam's dode lichaam naar de plaats waar hij begraven zou worden en zetten de kist op het metalen staketsel waarmee hij in het graf kon worden neergelaten. Over het graf lagen grote houten planken, en de berg aarde naast het graf was bedekt met grote lappen kunstgras. Zeker honderd mensen waren meegekomen om Adam's lichaam te ruste te leggen.

Het was een prachtige dag, heel koud maar met helder zonlicht over het sneeuwwitte kerkhof. Er was geen wind, en je kon elk woord duidelijk verstaan.

Michael was heel nieuwsgierig naar de wijwaterkwast die ik meedroeg, en ik dacht dat niemand beter dan hij Adam's graf en de kist zou kunnen zegenen met wijwater. Na een kort gebed gaf ik Michael de kwast en terwijl ik hem stevig vasthield boog hij zich over de kist en zegende die met grote zorg en heel langzaam aan beide kanten. Daarna bad ik:

God, in Uw handen bevelen we Uw zoon, broeder en vriend Adam. We vertrouwen dat hij, samen met allen die geleefd hebben en gestorven zijn in Christus, tot nieuw leven zal worden opgewekt op de jongste dag en voor eeuwig met U zal leven. Neem Adam op in het paradijs, en help ons elkaar te troosten in geloof, totdat we allen één zullen zijn in Christus, om voor eeuwig te leven met U en met Adam.

Na deze gebeden kwamen er twee jonge mannen in overalls en met een petje op. Ze begonnen meteen het kunstgras en de planken onder de kist weg te halen. Ik kon een glimlach niet onderdrukken. Ze deden me denken aan de grafdelvers die in het toneelstuk *Hamlet* van Shakespeare komen opdraven en voor een komische noot zorgen. Terwijl wij stonden te wachten maakten hun jeugdige energie en activiteit duidelijk dat we Adam echt gingen begraven en hem niet boven de grond in de koude sneeuw alleen zouden laten. Toen alle planken verwijderd waren lieten de twee mannen de kist in het graf neer. Het leek een lange, langzame reis naar het binnenste van de aarde. Tijdens het dalen van de kist zongen we driemaal 'Alleluja'. De twee mannen bleven naar beneden kijken in de diepe kuil totdat de kist de bodem raakte en ze de touwen en het metalen staketsel weg konden halen. Toen gaven ze Rex en mij ieder een grote schep waarmee we de vers gedolven aarde met een doffe plof op de kist in de kuil lieten vallen. De schoppen gingen van hand tot hand totdat iedereen die dat wilde aan de beurt was geweest.

Dit was zo definitief. Ik keek neer op de kist van Adam, die diep in het graf lag met een enkel bloemstuk erop. En ik wist dat Adam niet meer bij ons terug zou komen. Zijn lichaam zou onder dikke lagen aarde bedolven worden en er langzaam mee verweven raken. Daar voor die kuil werd ik geconfronteerd met het absolute einde dat de dood is, en tegelijk ook met de hoop op de verrijzenis.

We voelden dat allemaal. We lieten de bevroren klompen aarde in het graf vallen en hoorden de plof op de kist, het was hartverscheurend. Michael viel snikkend in de armen van zijn vrienden, en John was eindelijk in staat om te huilen en te laten merken, met lange uithalen, dat hij verdriet had. Op dat moment voelden we ons allemaal zo machteloos en eenzaam. De zon, de sneeuw, de vlijmende kou, het graf, het huilen, en Adam's lichaam diep in de aarde – ze confronteerden ons met ons woordeloos verdriet. Toen de schep bij iedereen was langsgegaan zongen we nog een keer de Ierse zegenwens die we in de kerk gezongen hadden, en ik besloot met een 'Laten we nu gaan in vrede'. Langzaam keerde de groep mensen zich om en ging heen.

Ik bleef met een paar anderen nog even achter. Het was moeilijk om deze beminnelijke man daar alleen achter te laten. Ik keek nog een laatste keer naar het met sneeuw bedekte kerkhof waar Adam's lichaam begraven lag en voelde hoe eenzaam hij daar achterbleef. Adam is dood. Hij komt niet terug. We zullen hem nooit meer aanraken. We zullen verder moeten zonder zijn fysieke aanwezigheid. Hoe zal dat gaan? We weten het niet. We kunnen alleen maar wachten, de pijn ondergaan, rouwen om het verlies, onze tranen laten komen. Adam heeft ons verlaten. Hij heeft vrede, en wij moeten met hoop verder leven. Eén ding weet ik zeker: we moeten bijeen blijven, en vertrouwen dat hij die ons bijeenbracht wil dat we ook nu bijeen blijven. Terwijl we naar de plek reden waar we samen de lunch zouden gebruiken wist ik dat Adam blij zou zijn als hij ons daar zag zitten, met al onze tranen en halve glimlachjes.

Hoofdstuk 8
Adam's verrijzenis

Adam's verrijzenis begon midden in het verdriet van degenen die van hem hielden. Dat verdriet was echt en diep. Na de begrafenis kwamen we allemaal bijeen in de grote ontmoetingsruimte van Daybreak, en toen besefte ik hoe groot het verlies was. Niet alleen voor mij maar voor veel mensen was Adam de ziel van de gemeenschap, de stille kern waarom onze rusteloze levens draaiden. Dat stille centrum was nu weg.

Wat nu? Hoe verder? Konden we wel verder? Zolang we bij het dode lichaam van Adam nog konden waken, en tijdens zijn begrafenis, leek het nog of hij aanwezig was. We konden nog naar zijn jeugdige gezicht kijken en hem aanraken. Nu was er alleen leegte, afwezigheid. Ik vroeg me voortdurend af hoe de vrienden van Jezus zich gevoeld moesten hebben na zijn begrafenis. Platgeslagen? Verward? Boos? Bitter? De grond was onder hun bestaan weggevallen. Wat zin gegeven had aan hun leven was er niet meer. Alles was met een ruk tot stilstand gekomen. Geen onderricht en geen verkondiging meer, niet meer samen eten en samen bidden en stil zijn, geen vertrouwelijke gesprekken meer. Waar waren die menigten gebleven, de wonderen, de enorme verwachting van een nieuwe wereldorde, van echte vrijheid? En die overvloed van vissen en broden en de pure vreugde om het bestaan? Er was een grote steen voor de ingang van het graf geschoven (Matteüs 27,60), en de steen was verzegeld (Matteüs 27,66). Het was zo schokkend definitief. Wat kon je anders doen dan naar huis gaan of in complete verwarring blijven zitten waar je zat?

We kunnen niet praten of denken over verrijzenis als we niet de diepte van ons verdriet binnengaan. De vrienden van Jezus, en ook die van Adam konden niet zeggen: 'Huil maar niet, hij komt terug.' We moesten huilen, voelen dat we hem verloren hadden, rouwen om zijn overlijden. Verdriet is leegte, duisternis, zinloosheid, nutteloosheid, verlamming. De geliefde dode zal zelfs langzaamaan in onszelf sterven, terwijl hij toch een vaste plaats had in ons hart. Verdriet is afstand nemen, elk uur, elke dag, elke minuut een beetje verder. Een hele tijd denken en doen we alsof hij er nog is, maar steeds opnieuw beseffen we dat hij er niet meer is, voorgoed. Wie wekt Adam vanmorgen? Maar... hij is er niet meer! Wie doet hem in bad, wie scheert hem, kamt zijn haar, doet hem zijn nieuwe jack aan? Maar... hij is er niet meer! Wie maakt zijn ontbijt, helpt hem met het sinaasappelsap, wie zorgt dat hij op zijn dagprogramma komt? Maar... hij is er niet meer! Vanavond komen Rex en Jeanne... maar ze komen voor ons, niet voor Adam. Het sterven gaat maar door, je wordt iedere keer opnieuw overvallen door zijn afwezigheid, het is één lang en pijnlijk weggaan, knellende eenzaamheid. We kunnen niet om ons verdriet heen. We kunnen het niet korter maken. We moeten het verdriet de tijd geven, veel tijd.

Waar begint de verrijzenis dan? Wanneer zouden we Adam weer terugzien? Wanneer zouden we het aandurven om niet alleen over zijn afwezigheid te praten, maar ook over zijn aanwezigheid? Voor ons begon de verrijzenis in fantasieën en dromen.

Yvonne, die goed met Adam bevriend was, vertelde over iets wat ze zich had voorgesteld op een moment dat ze erg veel verdriet had. Ze dacht na over Adam, over zijn dood, en over hun vriendschap. Ze bedacht dat ze hem pas weer zou terugzien in de hemel. En toen stelde ze zich voor dat ze de hemel binnenliep. Er kwam een stralende jonge man op haar af. Ze was verbaasd want ze herkende hem niet, maar hij kwam recht op haar af en zei: 'Dag Yvonne, je herkent me niet hé?' Yvonne bleef hem aankijken, ze voelde dat ze hem kende maar wist niet hoe. Toen lachte hij en zei: 'Ik ben Adam, je vriend, weet je nog?' Yvonne voelde zich getroost door zijn jeugdige energie en zijn hartelijke begroeting.

Elizabeth, die al heel lang lid was van de Ark, had een droom. 'In mijn droom zag ik Adam hardlopen en dansen, op en neer springen, zo vrij als een vogeltje. Als een geest zo vrij, hij lachte en praatte en hij bewoog zijn hoofd en armen en benen als een atleet. Blij en stralend was hij, en hij deed alles wat hij bij ons nooit kon. Toen ik wakker werd was ik zo opgewonden dat ik Adam had zien dansen!'

Zelf had ik geen voorstelling of droom. Integendeel, ik had het gevoel dat niks meer de moeite waard was, natuurlijk niet voortdurend – ik bleef aan het werk – maar zo af en toe dacht ik: 'Waarom doe ik het allemaal? Waarom zou ik nog bij mensen op bezoek gaan, eten, weer een boek schrijven, weer liturgie vieren? Het leidt toch nergens toe. Waarom zou je liefhebben als alles toch eindigt in de dood?' Dodelijk vermoeid lag ik op bed en vroeg mezelf af waarom ik weer op zou staan.

Maar telkens als ik met mijn vrienden over Adam praatte luisterden ze. En ze luisterden anders dan wanneer ik het over iets anders had. Ze beluisterden mijn verdriet en hoorden daarin de stille jonge man spreken van wie ik zoveel had gehouden. 'Je hield echt van hem, hé?' zeiden ze dan. 'Vertel nog eens wat meer?' En ik vertelde hen meer – over Adam's geboorte, zijn bijzondere ouders, zijn komst naar Daybreak, onze relatie en hoe hij mij raakte. Het was zo'n simpel verhaal. Maar als ik het vertelde kon ik altijd nieuw leven en hoop zien ontluiken bij degenen tegen wie ik het vertelde. Mijn verdriet werd bij hen vreugde, wat voor mij verlies was werd winst voor hen, en nieuw leven. Langzaam zag ik Adam herboren worden in de harten van mensen die hem nooit gekend hadden, het was alsof ze deel kregen aan een groot mysterie. Toen zei iemand: 'Misschien moet je over Adam een boek schrijven, zodat heel veel mensen er kennis van nemen en er blij van worden.'

Begon zijn verrijzenis op dat moment, midden in mijn verdriet? Zo gebeurde het bij Maria Magdalena, die midden in haar verdriet een vertrouwde stem hoorde die haar bij haar naam riep. Zo gebeurde het bij die teleurgestelde leerlingen op weg naar Emmaüs, die een vreemdeling tegen hen hoorden spreken en hun hart voelden branden. En zo gebeurde het bij de angstige leerlingen in de bovenzaal, die 'Vrede zij met jullie!' en hartelijke woorden van vergeving hoorden. Zo gebeurde het met de vrienden van Jezus die verdrietig teruggingen naar het meer om te vissen, en die een boot vol mee terugbrachten nadat een man aan de oever gezegd had dat ze hun netten aan stuurboord moesten uitwerpen, een man die hen later uitnodigde om samen te ontbijten.

Rouw verkeert in dans, verdriet in vreugde, wanhoop in hoop, en vrees in liefde. En dan zegt iemand aarzelend: 'Hij is verrezen, ja hij is verrezen.'

In mijn hart weiger ik te geloven dat Adam's aardse leven voor niets was. Zijn enorm kwetsbare leven, dat op mysterieuze wijze zijn liefde deed uitstromen naar zoveel mensen – dat leven is bestemd voor de heerlijkheid. Net zoals anderen Jezus konden herkennen aan de wonden in zijn verrezen lichaam, zo wordt Adam's unieke aanwezigheid bij ons getekend door zijn verwondingen. Adam's gehandicapte lichaam was het zaad waaruit zijn nieuwe leven is ontstaan. Paulus zegt: 'Maar, zal iemand vragen, hoe verrijzen dan de doden? Met wat voor lichaam? Een dwaze vraag! Ook wat gij zelf zaait moet eerst sterven voor het tot leven komt, en wat gij zaait is slechts een graankorrel of iets dergelijks, en heeft nog niet de vorm die het zal krijgen. God geeft er een lichaam aan zoals Hij dat gewild heeft, en wel aan elk zaad zijn eigen lichaam' (1 Kor 15, 35-38). Adam's eigen lichaam is verrezen. Toen ik hem zo jeugdig en mooi in de kist zag liggen zag ik eventjes een glimp van dat nieuwe leven. Ik moet vertrouwen op de fantasieën en dromen van mijn vrienden en op de hoop die gloort in het hart van al degenen aan wie ik over Adam vertel. Ik moet vertrouwen op wat er aan het werk is in mijn verdriet en dat van anderen. En in dat vertrouwen zal ik ook zien dat de verrijzenis van Adam, Gods geliefd kind, niet alleen iets is van de toekomst, maar ook iets wat nu al gebeurt midden in ons verdriet.

Hoofdstuk 9
Adam's geest

Adam kwam van God, met een missie van vierendertig jaar in deze wereld, en is teruggekeerd naar God. Hij heeft zijn zending vervuld. Maar het is niet voorbij. Het is nooit voorbij, want liefde is sterker dan vrees en leven is sterker dan de dood. Het leven en de liefde van Adam zijn niet bedoeld om verloren te gaan. Ze zijn eeuwig, omdat ze deel uitmaken van het leven en de liefde van God. Vlak voor zijn dood zei Jezus: 'Toch zeg Ik u de waarheid: het is goed voor u dat Ik heenga; want als Ik niet heenga, zal de Helper niet tot u komen. Nu Ik wel ga, zal Ik Hem tot u zenden... en Hij zal u tot de volle waarheid leiden' (Johannes 16, 7.13).

De geest van Adam is de geest van Jezus, de geest van 'liefde, vreugde, vrede, geduld, vriendelijkheid, goedheid, trouw, zachtheid, ingetogenheid' (Galaten 5,22). Iedereen die Adam van nabij heeft meegemaakt is getroffen door de geest die van hem uitging. Dat is de Geest die genezing bracht aan zoveel mensen, en een nieuw zelfverstaan. Met de dood van Adam ging zijn geest niet verloren. Integendeel, de dood maakte zijn geest vrij om overal heen te waaien, en mensen te beroeren die Adam nooit hadden gekend maar over hem hoorden via degenen die dat voorrecht wel hadden gehad. De herinnering aan Adam levend houden is daarom meer dan een foto bewaren, hem noemen in onze gebeden, of een viering houden ter herdenking van zijn overlijden. Hem gedenken betekent dat je je openstelt voor de Geest van Jezus die in hem leefde, en die nu aan ons gezonden wordt. Adam kan ons nog zoveel geven. En juist dat hebben we zo hard nodig!

Een paar weken geleden ging ik een bezoekje brengen aan het 'New House'. Iedereen was er – Rosie, Roy, John, Michael, Ann en anderen. Adam was er niet. Maar we praatten over hem. John David zei: 'Adam is weg, en nu is alles anders. We voelen elk moment dat hij er niet is.' En Jody voegde eraan toe: 'We missen hem zo.' En Leszek zei: 'Kan ik iets te drinken halen voor je?'

We stonden en zaten in groepjes in de woonkamer. Niet in een gesloten kring, maar in een gebroken kring, een kring van verdriet en pijn. We hadden het gevoel dat er een periode was afgesloten. Onze leefgemeenschap is zesentwintig jaar oud, en gedurende elf jaar had Adam er zijn eigen stempel op gedrukt. Adam's dood betekende het einde van de kinderjaren van onze gemeenschap. Door het verdriet heen groeiden we naar onze volwassenheid als vriendengroep. We hadden mensen zien komen en gaan, we hadden mensen hier een nieuw leven zien beginnen, zien leven en ten slotte sterven. We hadden al een lange geschiedenis met elkaar, we konden terugzien op een stukje verleden. Door Adam's dood stond ons iets nieuws te wachten, iets waar we nog geen woorden voor hadden.

Ons gesprek ging langzamerhand minder over Adam dan over onszelf en onze toekomst. John David bereidde zich voor op zijn huwelijk met Sheilagh, en Jody op haar huwelijk met David. Leszek bereidde zich voor op zijn terugkeer naar Polen en de voortzetting van zijn studie, en Petro, een assistent uit Oekraïne, probeerde toegelaten te worden op het seminarie van Lvov. Adam's assistenten zouden uitvliegen over heel de wereld en daar verder gaan met hun leven.

De geest van Adam zal in hun hart blijven. Waar ze ook zullen leven of werken, hij zal hen voortdurend herinneren aan wat hij hun geleerd heeft. En wat nog niet duidelijk was toen ze zo druk bezig waren om hem heen zal langzaamaan helderder worden als ze in de komende jaren aan hem terugdenken. Ze zullen tegen hun vrienden zeggen: 'Ik zal je vertellen over Adam, met wie ik jaren geleden heb samengewoond in het "New House" in Daybreak.' En als ze over hem vertellen zullen ze opnieuw ontdekken dat Adam's geest van liefde vruchten draagt in hun leven. Hij zal hen richting geven bij het volbrengen van hun eigen zending.

Intussen wijzen de achterblijvers – John, Rosie, Roy, Michael, Ann en anderen – nog steeds naar de lege stoel en naar Adam's foto die aan de muur hangt. Ze zullen tegen gasten aan tafel zeggen: 'Adam heeft hier gewoond. Hij was heel bijzonder, een vriend en een gids. Adam's leven en zijn dood hebben ons vrede en hoop gebracht, liefde, en enorm dankbaar gemaakt.'

Besluit

Leven met Adam heeft me voorgoed rijker gemaakt. Vanuit het perspectief van deze wereld heeft onze relatie helemaal geen betekenis. Maar ik was bevriend met Adam en ik wilde er een boek over schrijven. Ik heb het niet mooier gemaakt dan het is. Ik heb zo eenvoudig en direct mogelijk proberen te schrijven. Ik wil getuigen wie Adam in werkelijkheid was. Ik weet dat ik Adam's levensverhaal niet had kunnen vertellen, als ik niet eerst Jezus' levensverhaal had gekend. Jezus' levensverhaal gaf me de ogen en de oren om Adam's leven en dood te begrijpen. In het licht van dat verhaal wilde ik over Adam vertellen, zo eenvoudig en direct als ik kon.

Ik ging tot de Ark behoren en vond in Daybreak een thuis dankzij Adam – omdat ik hem vrij en zonder bijbedoelingen in mijn armen mocht houden en aanraken. Adam gaf me het gevoel dat ik ergens bij hoorde. Hij hielp me mijn lichamelijkheid te accepteren, zorgde dat ik me thuis ging voelen in een gemeenschap, en liet me in ons samenzijn Gods aanwezigheid ervaren. Als ik Adam niet had kunnen aanraken weet ik niet waar ik nu zou zijn. Dankzij die eerste veertien maanden in Daybreak, waarin ik Adam heb gewassen, hem te eten heb gegeven en gezelschap gehouden, heb ik het thuis gekregen waarnaar ik zo verlangde; niet alleen een thuis samen met aardige mensen, maar een thuis ook in mijn eigen lichaam, in het lichaam van de gemeenschap, het lichaam dat de Kerk is, en ook in het lichaam dat God is.

Ik heb over Jezus' leven gehoord en gelezen, maar ik heb hem nooit kunnen aanraken of zien. Adam kon ik aanraken. Ik heb hem gezien en zijn leven gevoeld. Ik heb hem aangeraakt als ik hem in bad deed, zijn baard schoor en zijn tanden poetste. Als ik hem voorzichtig aankleedde, met hem naar de tafel liep om te ontbijten, en hem hielp de lepel naar zijn mond te brengen. Anderen hebben hem aangeraakt als ze hem masseerden, oefeningen met hem deden, en met hem in het zwembad zaten. Zijn ouders hebben hem aangeraakt. En Murray, Cathy en Bruno. Dat deden we: Adam aanraken. En wat van Jezus gezegd werd geldt ook voor Adam: 'Allen die hem aanraakten werden gezond' (Marcus 6,56). We hebben allemaal ervaren dat het aanraken van Adam ons op de een of andere manier geheeld heeft.

Op die manier wordt Adam's levensverhaal ook een manier om te vertellen wat ik geloof – mijn credo – en wie ik zelf ben, met al mijn sterke kanten en mijn handicaps. Bij het schrijven van dit boek merkte ik dat ieder woord evenzeer over mij ging als over Adam. Dat kan niet anders. Mijn vriendschap voor Adam maakte dat ik dit boek wilde schrijven, vooral omdat die vriendschap eindigde in tranen en verdriet en verlangen. Daar waar vriendschap en verdriet samenkwamen werd ik aangespoord door

Gods Geest: ‘Ga zitten. Schrijf. Vertel dat verhaal. Je kunt het, niet alleen omdat je van Adam hebt gehouden maar ook omdat je dat andere verhaal zo goed kent.’

En dus ging ik zitten, nog vol van verdriet, en ik bleef schrijven. De woorden kwamen haast vanzelf, omdat ik tijdens het schrijven steeds helderder zag dat Adam geleefd had zoals Jezus, wiens levensverhaal ik dag in dag uit heb verteld aan iedereen die het maar horen wilde.

Nu houd ik er even mee op. Het verhaal is verteld. Ik hoop en bid dat veel mensen het zullen lezen en begrijpen.